まちづくり基本条例を創る

◆

新発田市に見る
市民と行政の協働に向けた取り組み

南 眞二・馬場 健

刊行によせて

新発田市長　片山 吉忠

　『新発田市まちづくり基本条例市民提言書』の「提言書作成に到るまでの経緯及び提言書に込める思い」に「『"愛せるまち・誇れるまち・ふるさと新発田"を皆さんの手で』という市の呼び掛けに対し、市民提案会ではこれまでの各種審議会等とは異なり、市民および市職員の自発的な参加・協力のもと、2005年11月26日から延べ20回、期間にして約11カ月間にわたり広く市民に開かれた会として今後のまちづくりの在り方についてそれぞれが対等の立場で議論を重ねてきました。今思えば市民と市が一体となって取り組んでいるこの活動そのものこそ、『共創』の一つの形であるのかもしれません。私たちは、そうした経験を通じ、まちづくりに向けた思いを一つにすることがいかに難しいものかを実感するとともに、今後のまちづくりにおける市および市民の役割の明確化、協働による交流の場の創出などが重要であるということを強く感じました。私たちは

そうした課題をできるだけ明らかにし克服することでまちづくりの芽を大きく育て、きれいな花を咲かせることが出来たらと願っています。また、そのためにも、私たちだけでなく、この提言書を目にした皆さんにも、その内容を理解し、同世代、次世代にも伝えていってもらいたいと願っています。この提言書には、そんな市民の思いから作られています」と記されています。

　私は、合併をした新生・新発田市を動かしていくもの、その原動力は「資源力×市民力×行政力＝まちの活力」であり、「参加」から「参画」に変えていかなければならないと常々申し上げ、そういった市民と市との関係のルールが必要と考え、この条例を制定することにしました。そして、この提案会に参画された市民のみなさんは、"思い"に記されているとおり、まさにそれを実践しながら「市民提言書」にまとめていただきました。市民の方々が自ら条例作成に携わる取組みは、市民の皆さんにとっても市にとっても初めてのことでした。

　そして、このような初めての取り組み、しかも20回もの検討会で、市民の皆さんを市民提言書作成まで導き、この条例の制定にご尽力をいただいたのが新潟大学法学部の南眞二教授と馬場健准教授です。

　市民検討の過程では、市民お一人お一人の気持ちが先に立ち、議論が噛み合わないときもありましたが、検討を繰り返すうちに、徐々に互いの意見を聞き、自分の考えを見つめ直されました。これは、お二人の先生が市民の皆さんのご意見を大切にしながら、議論

を重ねなければならない論点を明確にし、この会の目的を皆さんで共有することを大事にしてこられたからだと思います。

　お二人の先生が書かれたこの本には、新発田市民と新発田市がまちづくりにかける思いを踏まえ、条例の制定過程が丁寧にまとめられております。このような取り組み方は、これからの時代において、まちづくり検討のスタンダードになるのではないかと思います。この本をお読みになられた方は、参考にし、実践していただければと思います。

　結びに、勉強会、提案会にご参画いただいた市民の皆さんに敬意を表するとともに、お力添えをいただきました南先生と馬場先生にはあらためて心より感謝申し上げます。

2008年 9 月

目　　　次

刊行によせて（新発田市長　片山吉忠）
新発田市の概要 ………………………………………………6
はじめに …………………………………………………………8

第1章　市民勉強会 ― 条例制定に向けての助走段階 ― ………14
　1　なぜ新発田市は「まちづくり」条例制定に向かったのか ……14
　2　市民勉強会での取り組み ……………………………17
　3　市民勉強会での重要な論点 …………………………20
　　⑴行政主導から住民・行政協働への転換の背景
　　⑵公共的空間の変化
　　⑶公共的空間で起こる問題の解決方法
　　⑷誰が決定するのか

第2章　市民提案会での議論 ……………………………34
　1　提言書作成のスタンス ………………………………35
　2　参加者の間で意見が異なった論点 …………………36

第3章　市民提案会から条例へ …………………………42
　1　条例制定の経過と意義 ………………………………42
　2　本条例の特徴 …………………………………………44

3　「まちづくり」への取り組み ………………………………………47
　　　(1)まちづくり条例制定の状況
　　　(2)まちづくりを進める主体
　　　(3)まちづくり団体と条例による位置づけ
　4　　行政評価・政策評価と市民参加 …………………………………56

第4章　条例からまちづくりへ ― 条例施行後1年を経て ― …58

おわりに …………………………………………………………………62

用語説明 …………………………………………………………………64

まちづくりの具体例 ……………………………………………………70

文献紹介 …………………………………………………………………74

「新発田市まちづくり基本条例　― 市民提言書 ―」…………………77
「市民参画と協働による新発田市まちづくり基本条例」逐条解説版 …99

新発田市の見どころ ……………………………………………………123

新発田市の概要

新発田市の位置

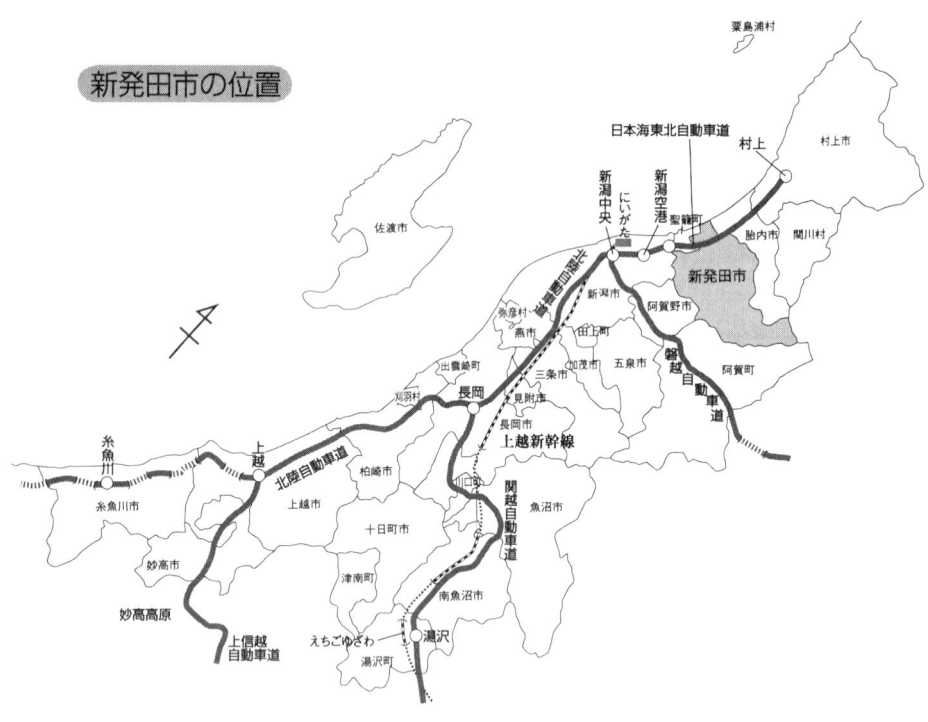

面　　積　532.82km²

人口・世帯　（平成20年6月末現在）

　　総数　　104,170人

　　男　　　 50,510人

　　女　　　 53,660人

　　世帯数　 33,999世帯

新発田市HP

www.city.shibata.niigata.jp/

新発田市は越後平野（新潟平野）の北部に位置し、県都新潟市に隣接する新潟県北部の中核都市である。
　市北西部には美しい海岸が広がり、南東部の山岳地帯には豊かな自然景観に恵まれた磐梯朝日国立公園、胎内二王子県立自然公園がある。平野には加治川の水系によって潤う肥沃な土地が広がり、県内有数の良質米コシヒカリの産地である。
　市中心部は江戸時代に新発田藩10万石の城下町として栄え、国の重要文化財である新発田城や足軽長屋などの文化遺産がまちの随所に姿をとどめている。明治中ごろから終戦までは、新発田城跡地に第2師団第16連隊が置かれ、軍都として繁栄した。
　昭和22年の市制施行後、昭和30年に五十公野、米倉、赤谷、松浦、菅谷、川東の6村と、同31年に加治川村の一部、同34年に佐々木村と合併。平成15年に豊浦町と、同17年に紫雲寺町・加治川村と合併し、現在に至る。
　新発田市は、城下町の歴史と文化、全国的にも有名な月岡温泉、山から海までの豊かな自然などの多彩な魅力を擁するとともに、地域資源である豊かな大地を活かした「食料供給都市」の実現を目指し、「食の循環によるまちづくり」を推進している。

市章

「五階菱」と呼ばれる新発田藩歴代藩主溝口家の紋章を市章として採用。

市の木

サクラ

市の花

アヤメ

はじめに

　「地方自治は民主主義の学校」という言葉があります。誰がこの言葉を最初に述べたかについては諸説ありますが、おおむねフランスの思想家トクヴィル（de Tocqueville）がこのような内容をその著書『アメリカの民主主義』の中で主張し、さらにイギリス人政治学者ブライス（James Bryce）が著書『近代民主政治』でこのフレーズを使ったことによって、一般に流布したものとされています。その由来はさておき、この言葉は住民自らが治めるという参加に基づく地域の公共的空間の管理がとりもなおさず民主主義を育てる素地となることを示しています。
　しかし、日本においては、この後で述べる事情から、近年まで民主主義の学校としての地方自治という考えが住民の間にも行政にも十分には浸透していませんでした。だからといって、住民が主体となった地域の公共的課題を解決しようとする活動が全く存在しなかったというわけではありません。戦前には村寄り合いなどによって地域の公共的空間の管理を行っていましたし、戦後昭和30年代以降のいわゆる高度経済成長がもたらした負の遺産ともいえる公害や、都市化の進展に伴う都市問題の発生に対して、住民運動、住民参加という形で住民が直接行政にかかわるという事例もありまし

た。さらに、近年の地方分権の推進や後述のNPOの地域における役割の拡大など正の変化と、バブル経済崩壊以降の低成長時代に顕在化した地方自治体の財政悪化という負の変化の双方は、地方自治に対する住民の関心を以前にも増して高めているということができるでしょう。

さて、新潟県における状況はどうでしょうか。いわゆる平成の大合併によって、市町村の減少数日本一という経験をしたのがこの新潟県でした。さらに、2004年の三条地域を中心とする水害（7・13水害）、2度にわたる地震（中越地震と中越沖地震）で被災したのもこの新潟県でした。これら合併によって生まれた地方自治体の将来像を描く作業や、災害からの復興の経験を通して、行政だけではなく住民が地域の公共的空間管理の担い手であることが住民、行政の共通認識となりつつあります。

2007年、「市民参画と協働による新発田市まちづくり基本条例」（以下まちづくり基本条例）を制定した新発田市もその例外ではありません。2003年に豊浦町と、2005年には紫雲寺町・加治川村と相次いで合併して現在の行政区域となった新発田市は、地域としての一体感の醸成と、住民と行政が共に創り上げる「共創」をまちづくりの基本理念に掲げ、その実現に向けて今後の行政運営を住民とともに行っていくことを標榜しています。

そもそも、まちづくりの主人公が住民であることは言うまでもないことで、第一義的には住民一人一人が、地域の担い手として公共的空間を管理するために活動していく（まちづくりを行っていく）ことは自明です。他方で、一人の住民では解決のできない問題も必ず存在します。戦後、この種の問題の大半は行政によりその解決が

図られてきました。しかし、「一人の住民では解決できない」という問題の内容を詳しく見てみると、後に述べるように行政が単独でその解決を行うことの弊害も存在します。さらに、現在は行政が介入しているものの、本来は介入しないほうが地域の公共的課題を解決するのに好都合という場合すら存在します。確かに、歴史的経緯からすると、この介入に意義を見いだすことはできます。しかし、現在の地方自治体を取り巻く状況に鑑みると必ずしもそのすべてが妥当とはいえません。

　そこで、住民一人一人、さらには住民が主体的に形成した集団であるコミュニティによる地域の公共的空間の管理（まちづくり）に対する取り組みを促進する枠組みが不可欠です。このまちづくり基本条例はまさにそのための住民と行政とがまちづくりを進める上で必要なルールを定めたものといえます。ただ、ルールというものは必ずしも明文化する必要はありません。経験の中から培われてくる「共通認識としてのルール」も確かに存在しています。他方で、「制度が人をつくる」という側面もあります。実際、新発田市では、この条例の制定によって、住民と行政とが従前にも増して協働してまちづくりの計画を策定するという事例を見ることができます。

　このようなまちづくりに向けた積極的取り組みとしての条例制定は、その一方で、制定段階から想定されてはいましたが、住民と行政をめぐる新たな課題を生んでいると伝え聞いています。私自身、現在、県立新発田病院跡地活用市民検討委員会の委員長を務めていますが、従来の審議会とは異なる新発田市職員のさまざまな苦労を垣間見る機会が多々あります。この点については、第4章で触れます。

ともあれ、このような苦労が想定されたにもかかわらず、この条例制定を推進された片山吉忠市長、その意を体して市民勉強会、市民提案会を運営された企画政策部の職員、条例案の修正に積極的に参加された各部局の

市民フォーラムで講演する片山市長

職員、条例案の意図するところを汲んで条例を可決成立された市議会、そして忘れてはならないのは、20回に及ぶ勉強会、提案会に主体的に参加され市民提言書を作成された新発田市民に心から敬意を表したいと思います。分けても、休日の貴重な時間を割いて会に参加され活発な意見交換をされた市民の方々の、またこの勉強会、提案会の準備のために、毎週のように私の研究室を訪ねてくださった企画政策部の職員の熱意には本当に頭が下がります。この一連の過程が新発田市の将来の大きな糧となるに違いありません。

　私事にわたりますが、私はこれまでイギリスの都市政策を専門とし、日本の地方自治の実態把握は、日本中をくまなく歩いて調査を行った私の指導教授とは異なり、文献を頼りにするだけでした。今回新発田市のまちづくり条例制定にかかわり、指導教授には遠く及びませんが、日本の地方自治の課題を垣間見ることができました。このような機会を与えてくださった新発田市に心より感謝申し上げます。

本書は、今回条例制定にアドバイザーとして参加した南眞二教授と私の目を通してこの一連の過程を広く一般の方々に知っていただくとともに、今後同様の条例を制定する際の参考に供することを目的としています。

　最後に、昨今の出版をめぐる悪条件の中、本書の出版を決断してくださった新潟日報事業社の五十嵐敏雄常務、編集担当の小林直人さんに心より感謝申し上げる次第です。赴任早々にもかかわらず求めに応じてアドバイザーになってくださった南眞二教授、住民間の意見交換を円滑に進めるために協力してくれた南ゼミ、馬場ゼミの学生の諸君に謝意を表します。

　2008年9月
　　　　　　馬場　健（新潟大学大学院実務法学研究科准教授）

まちづくり基本条例を創る
― 新発田市に見る市民と行政の協働に向けた取り組み ―

第1章 市民勉強会
― 条例制定に向けての助走段階 ―

1．なぜ新発田市は「まちづくり」条例制定に向かったのか

　新発田市は、合併によって10万人を超える人口を擁する都市となりました。これと相前後して1998年に民間から市長に当選されたのが現在の片山吉忠さんです。片山市長は、民間企業の会長をされていたということもあって、行政に対して民間的な思考を導入しようとされてきました。その成果として、行政評価条例の制定を挙げることができます。また、「食と農による資源循環型社会づくり」「健康新発田21目指せ100彩」「ニューフロンティア新発田21しばたひとづくり」という三つの政策を掲げて行政運営を進めてこられました。

　これらの政策を実現する上で、市長は、新たな住民と行政との関係の構築が必要であるという認識を示しました。後述の第1回市民

第1章　市民勉強会 ― 条例制定に向けての助走段階 ―

勉強会（2005年11月26日開催）のあいさつの中で、市長は今後の行政運営におけるまちづくり条例の意図について語っています。

まず、従来の手法は「役所が案を全部作って『市民のみなさん、どうぞ参加してくれませんか』」という形であったと総括します。次いで「行政は何をし、市民は何をする、お互いに知恵を出し合って本当にいいまちを創るためにはどうするんだ。まさにお互いがパートナーとなって、そういう関係を結んでこれらのまちづくりをしていかなければならない」時代に入ったという認識を示します。そして、今日の住民と行政をめぐる「まちづくりに関するルール、あるいは仕組み作り」がこの条例の意図だと述べています。この認識は、ひとり市長のみの心の内にあるものではなく、程度の差こそあれ、新発田市の職員の共通のものでした。

では、どうしてこのような認識に至ったのでしょうか。市長は、やはりこのあいさつの中で、住民と行政との協働の「空気」が醸成されてきたことを挙げています。別の言い方をすれば、すでに新発田市においては実態として両者の協働が進んでいたということです。それと同時に「都市間競争に打ち勝つ」という目的を市長は掲げています。財政運営が従前と比較すれば厳しい中で、「『やってやる行政、やってもらう住民』という構図は終わり」を告げたと市長は指摘します。この二つの事情から、今回のまちづくり条例は制定に向けて動きだしました。この市長を筆頭とする新発田市の認識と私の認識とは大きく異なりません。この点については、後述の市民勉強会での講義内容のところで詳しく述べたいと思います。

条例制定までの流れ

[市民] 市民勉強会	平成17年11月26日～18年3月25日 8回実施、参加者総数516人（新発田市地域交流センター）まちづくりに関する講演、条例についての講義および「まちづくりのあり方、仕組み」についてのワークショップ

[市民] 市民提案会	平成18年4月22日～10月7日 12回実施、参加者総数368人（新発田市地域交流センター）ワークショップ ●まちづくり条例に盛り込むべき要素・項目の決定 ●市民提言書の作成

[市民] 市民フォーラム	平成18年10月14日 参加者約100人（新発田市生涯学習センター講堂） ●市民提言書を市長へ提出 ●市民提案会提言書発表「まちづくりに向けた思い」

[行政] 市民提言書を検討して条例素案作成

[行政] 意見公募手続	平成18年12月18日～19年1月12日 まちづくり条例素案に対する意見・質問 （市民11人からのべ43項目）

[市長] 市議会へ条例案を提案　平成19年3月定例会

[市議会] 条例案の審議・可決成立	平成19年3月14日公布 平成19年4月1日施行

２．市民勉強会での取り組み

　今回の条例制定の過程のうち、市民と行政が直接かかわるのは三つの段階でした。まず、市民の条例制定に向けた意識を醸成するとともに、まちづくり＋条例の内容についての一般的な理解を市民に深めてもらうための市民勉強会の段階、次に条例という精緻(せいち)で簡潔な条文から構成される文面ではなく、市民として市民と行政との関係で必要とされる内容を議論し、文書化することを目的とした市民提案会、最後に市民提案会でまとめられた市民提言書を行政内部で検討して条例案を作成し、それを市民検討会に諮るという段階です。この後、直接市民は関与しませんが、市長が議会に条例案を提案、議会での審議を経て可決成立という過程がありました。なお、条例には、長が議会に提案して成立を求める長提案条例（新発田市の場合は、市長提案条例）と議会の議員が議会に対して提案して成立を求める議員提案条例の２種類があり、今回の条例は、前者のタイプの条例です。

　さて、第１段階の市民勉強会は、2005年11月から翌年３月までの４カ月間に８回開催されました。各回の題目などは表１の通りで、その内容は大別すると①座学　②ワークショップ（実地研修）――の二つから成り立っていました。前者の座学では、南教授と私、そして新発田市でＮＰＯ法人として活動している団体が、参加した市民に対して話をするという形態を採りました。

　今回の条例を制定するに当たり、最も重要でありかつ参加した市民の方の理解を求めなければならなかったものに、その名前があります。「まちづくり」という言葉は、都市計画というハードウエア

表1　市民勉強会(2005年11月～2006年3月開催)各回の概要

	開催日	内　　　　　容
第1回	2005年11月26日	・オリエンテーション ・講演1「『共創』のまちづくりについて」新発田市長 片山吉忠 ・講演2「まちづくりの担い手は誰か」新潟大学 馬場健助教授 ・質疑応答、意見交換
第2回	2005年12月10日	・講演「まちづくりをめぐる考え方と新発田のまちづくり」 　　新潟大学 馬場健助教授 ・事例発表1　「加治地区まちづくりをすすめる会」 ・事例発表2　NPO法人「はとの会」 ・事例発表3　「川東レンジャー」こどもエコクラブ ・事例発表4　NPO法人「加治川ネット21」 ・質疑応答、意見交換
第3回	2006年1月14日	・講演「『政策と協働との関係』について」新潟大学 馬場健助教授 ・事例研究「テーマ:家庭ごみの問題における協働の在り方」 ・質疑応答、意見交換
第4回	2006年2月4日	・講演「条例とは一体何なのか、条例でできることは何か」 　　新潟大学法学部　南眞二教授 ・パネル・ディスカッション 新潟大学 南眞二教授・馬場健助教授 ・意見交換、質疑応答
第5回	2006年2月12日	・講演「まちづくり条例(他市事例)」について 　　新潟大学法学部　南眞二教授 ・ワークショップ「政策の立案段階における各々の役割・責任、協働の在り方」
第6回	2006年2月25日	・講演「政策過程と資源」について 　　新潟大学大学院実務法学研究科 馬場健助教授 ・ワークショップ「政策の実施段階における各々の役割・責任、協働の在り方」
第7回	2006年3月1日	・説明1「前回のまとめと今日の進め方」について 　　新潟大学大学院実務法学研究科 馬場健助教授 ・ワークショップ「家庭ごみの問題から見えてくるまちづくりの在り方」 ・説明2「条例の作り方」について 　　新潟大学法学部　南眞二教授 ・ワークショップ「まちづくりの在り方を文章化(条例化)してみよう」
第8回	2006年3月25日	・説明1「前回のまとめと今日の進め方」について 　　新潟大学大学院実務法学研究科 馬場健助教授 ・ワークショップ「まちづくりの在り方、仕組みのまとめ」 ・グループ発表(A～G) ・講師まとめ ・市長講評

第1章　市民勉強会 ― 条例制定に向けての助走段階 ―

の整備を念頭に置いて使われることが一般的かもしれません。この意味では、ある場所に何らかの建物を建てたり、道路を建設したりということが想起されます。

しかし、今回の条例での「まちづくり」という

市民勉強会

言葉は提言書にも書かれているとおり、「市民と市が対等な立場で協働することを基本とし、明るく活力に満ちた住み良い新発田を共に創り上げる（共創する）ために行うことの全て」（提言書第1章はじめに）という意味内容を持つものでした。いま少し別の表現を使えば、その地域の住民が、その地域の公共的課題を解決していく営為それ自体をまちづくりととらえたということができます。

これまで、地域の公共的課題の解決は住民が選んだ代表者（首長・議会）とその代表者を支える人々の集団である行政がもっぱら担うものと見なされてきたことからすれば、この考え方は市民にとってなじみのないものであったかもしれません。それゆえ当初勉強会に参加した市民の中には現在新発田市の抱える都市計画上の問題を議論するものであると思われた方も少なからずいたようです。ただ、都市計画上の問題を議論するというまちづくりのとらえ方が市民勉強会だけではなく市民提案会、さらには実際の条例制定に際しても議論の基本的支柱の一つとなっていたことは指摘しておかなければなりません。

では、従来の行政が主導的立場に立つまちづくりに代えて、住民と行政が協働してまちづくりを担うという考えがどうして生まれたのでしょうか。この点について少し詳しく見ていきたいと思います。

市民勉強会で解説する筆者（馬場）

3．市民勉強会での重要な論点

（1）行政主導から住民・行政協働への転換の背景

　地域の公共的空間をどのように管理するのかという問題は、古くて新しいものです。そもそも「地域の公共的空間」それ自体が時代によって変化していることも、この問題を複雑にしているといえます。かつて、住宅の周りは、そこに住む人々が管理を行う空間でした。したがって、その空間でゴミが発生した場合、そこに住む人々が掃除し、さらにそこで集められたゴミは自らの敷地内で処理されていました。

　現在はどうでしょうか。住宅の周りという概念が敷地内に限定される傾向にある今日では、家の前の道路の掃除は、必ずしもそこに隣接する住人が行うものではなくなりました。さらに、家から発生する家庭ゴミは、その家の敷地内で処理（埋める、燃やす、堆肥にするなど）されるよりはむしろ、その大半は自治体が運営するゴミ

収集システムによって個々の住宅という私的空間から公共的空間に移転されることがほとんどです。このような例は枚挙にいとまがありません。つまり、現在われわれが住んでいる場所は、私的空間であると同時に公共的空間であるということができます。

　では、個人や家族が管理する住宅という私的空間から一歩外に出ると、一足飛びに自治体も含めた政府という「公的な団体が管理する公共的空間」に足を踏み入れることになるのでしょうか。確かに、その土地の所有者という観点からすると、住宅の前が私有地や私道でない限り、政府の所有する公共的空間にわれわれは足を踏み入れたことになるでしょう。

　その一方で、機能という側面に注目すると、おのずと異なった風景が広がります。例えば、その土地が政府所有であったとしても、自らの住宅の前の道路の掃除は、自らが行うばかりではなく、町内会、自治会といった地域社会が担うこともあります。このような地域社会の協働作業による公共的空間の管理は、かつては「道普請」や「川ざらい」に代表されるように日常的なことでした。さらにいえば、ある住人が地域社会の掟に背き、その人物に対してサンクション（制裁）である「村八分」が発動されていたとしても、葬儀と火事の際の消防は村八分の対象とはされず、地域社会全体で対応するものであったわけです。このことからも、公共的空間の管理は、ひとり政府の担う機能ではなく、地域社会もその一翼を担ってきたということができます。ただし、かつての地域社会が持っていた家父長制に基づく前近代性に目をつむることはできませんし、現在の町内会、自治会がその残滓を引きずっているという側面を否定することもできません。

さて、このように公共的空間の管理を個人や家族、地域社会が担っていた時代、具体的には日本の戦前においては、政府とりわけ市町村はどのような機能を公共的空間において果たしていたのでしょうか。現在の市町村の機能とかつての機能とを比較する上で興味深いデータとして職員数を挙げることができます。ここでは、東京都武蔵野市を例にしてみましょう。東京の南部三多摩地域に位置する武蔵野市は、現在吉祥寺に代表される若者の街として知られると同時に、全国的にも上位に位置する富裕な自治体であり、画期的な行政サービスを展開している自治体としても有名です。最近では、コミュニティバスのさきがけである「ムーバス」を運行したことでも知られています。しかし、江戸時代から戦前にかけてのこの地域の中心は、青梅街道の宿場町であった田無（現在の西東京市）であり、武蔵野市の前身であった武蔵野村はあくまでも農村でした。

　明治期当初の武蔵野村では、現在の常勤の行政職に相当する書記の人数は1人で、その後明治30年代に入って2人ないし4人となり、この職員が庶務、兵事、会計もしくは庶務、戸籍、税務の各業務を分担して行っていたとされます。さらに時代が下って、昭和3年段階では、庶務、戸籍、兵事、税務、会計の各係に、書記10人、雇員2人の計12人が配置されていました。当時の武蔵野町の人口を職員数で割ると、職員一人当たり約1,085人の住民に対応していたことになります。現在の数値一人当たり約134人と比較すると、規模が小さければスケールメリットが働かないというハンディを考慮に入れたとしても、かなり少ない人員で行政の仕事が執行されていました。このことは、別の言い方をすると、戦前期においては、公共的空間の管理の大半を政府は担っておらず、個人や家族、地域社

武蔵野市の人口数・議員数・職員数の推移

	1889(明治22)年*	1898(明治31)年	1901(明治34)年	1907(明治40)年	1914(大正3)年	1918(大正7)年	1921(大正10)年**	1925(大正14)年	1928(昭和3)年
人口	3089	3547	3804	3961	4347	4412	5184	10366	13021
議員数	12	12	12	12	12	12	12	18	24***
職員数(書記+傭人)	2	2	4	4	3	5	6	11	14

*武蔵野村成立時(明治の大合併による) **武蔵野町昇格時 ***1929(昭和4)年第一回普通選挙実施時
出典：武蔵野市『武蔵野市百年史 記述編Ⅰ』(2001)より作成

会がその機能を果たしていたといえます。そうすると現在は、後者の機能が縮小して前者の機能が拡大したということになるかもしれません。

ともあれ、地域の公共的空間は、個人や家族、地域社会、そして政府が協働することによってその管理が担われてきた場所です。ただ、今見てきたように、そのおのおのの担当範囲は時代によって変化してきたわけです。

(2) 公共的空間の変化

では、この変化はどのような原因で起こってきたのでしょうか。そこで戦後の歴史を少し振り返ってみます。第二次世界大戦後、日本は新しい憲法を備えた民主主義国家へと変貌を遂げました。この憲法の起草者をめぐる議論、またそもそも明治憲法下において民主主義がなかったのかといった議論があることは承知していますが、ひとまずこの本の主題とは離れますからここでは立ち入りません。行政サービスの拡大という点から見て重要な憲法の内容は、いわゆる生存権の保障についてです。日本国憲法第25条では、「健康で文化的な最低限度の文化的生活を営む」ことが国民の権利とされ、そ

の実現が国家の使命とされました。いわゆる福祉国家の実現が憲法上の規定となったわけです。福祉国家とは何を示すかという点については、論者によってその主張に隔たりがあります。ただ、憲法上の規定として国民の生存権が保障され、それを実現する手段として所得に対する累進課税を導入している点ではいずれの主張も一致しており、その意味で日本を福祉国家と呼んでも差し支えがありません。

　この福祉国家の実現という過程は、政府が担う公共的空間の拡大を意味しています。例えば、先ほど例に挙げた村八分で除外対象となった葬式にせよ、消防にせよ、前者については土葬が禁止されたことと相まって市町村が火葬場を整備していきましたし、後者については消防団という形で地域社会の消防機能は温存されたものの、主たる機能は市町村の消防署（単独もしくは事務組合による）が担うようになりました。これは地域社会が担当してきた公共的空間管理機能が政府に移転した例です。

　また、個人や家族が担っていた私的空間の管理機能が政府に移転して、公共的空間へと変化した例もあります。例えば、幼児保育の機能がこれに当たります。保育の機能は、従来の家族形態であれば、母親もしくは祖父母が担ってきました。この意味では保育は私的空間の管理機能の一部であったといえます。しかし、都市化の進展や住環境の変化に伴う核家族化の進展、共働き家庭の増加に見られる社会環境の変化などによって、家族の誰かがもっぱら保育の機能を担うことは不可能となりました。

　ここで、地域社会がこの機能の補完をするという構図も考えられますが、社会環境全体が変化した中では「隣近所」も同様の状況に

あり、この機能を担うことは困難と言わざるをえません。そこで、最低限度の文化的生活を国民に保障する国家、具体的には市町村が、個人・家族や地域社会に代わって幼児保育の機能を担うことになったわけです。これと同様の状況は、高齢者介護についても当てはまります。従来、介護は家族の役割とされてきましたが、上記のような社会環境の変化は、いや応なしに政府が対応しなければならない状況を生み出しています。

さらに、供給が需要を喚起するという循環があったことも考えられます。そもそもは個人や家族が管理できなくなった私的空間の管理を、個人や家族の要請によって政府が担っていくという構図でした。ところが、政府によって提供される公共的空間の管理機能が増大することで、逆に私的空間でまかないきることができる機能をも政府が担う公共的空間で処理するという事態も発生してきました。

この状況下で、従来公共的空間の管理の大半を担ってきた地域社会、具体的には町内会、自治会は衰退していくことになります。今述べたように町内会、自治会を担う余力はその構成員たる個人や家族にもありませんし、加えてその介入主義的な様式は、個人主義的態度が一般的になるに従って忌避されるものとなったからです。

つまり、戦後、高度経済成長期までの福祉国家の発展期においては、中間団体である町内会、自治会を介することなく、個人や家族と政府が直接つながっていく構図ができあがっていったと考えられます。別の言い方をすれば、この間に、個人や家族が管理する私的空間が縮小すると同時に、地域社会の公共的空間管理機能も衰退し、代わって政府の公共的空間管理機能が拡大したといえるでしょう。先ほど挙げた市町村職員一人当たりの担当する人口数の変遷が

このことを裏付けています。さらに、この時期、個人や家族が、公共的空間管理の担い手ではなく、政府に対しての受益者の地位に甘んじるという現象も発生したといわれる場合もあります。ただし、この時期、選挙によって選ばれた人物およびその人物が任命した職員によって構成される政府に公共的空間の管理を委ね、一人一人が経済活動に専心することによって戦後復興、高度経済成長をなしえたという事実を否定するわけにはいきません。

　このような個人や家族と政府が直接結びつくという構造に変化が生じる契機がやってきます。その一つが昭和40年代に発生した公害問題に端を発する住民運動です。経済活動の負の側面としての外部不経済である公害は、個人や家族が管理する私的空間にいや応なしに入り込むばかりではなく、その地域全体を巻き込んだ公共的空間の管理の問題となりました。これに対して、政府は必ずしも迅速に対応したわけではありませんでした。そこで、従来の町内会、自治会ばかりではなく、新たに生まれた住民組織が公害の発生源となった企業や政府に対して対応を迫っていくことになりました。旧来型の町内会、自治会に代表される地域社会に対置される言葉として、コミュニティという言葉が日本に紹介されるようになったのもまさにこの時期でした。つまり、公害への対応として発生した住民運動が、公共的空間の管理が政府から地域社会にいま一度戻ってくる契機となったのです。

　しかし、この住民運動は、この後公共的空間の管理を行う主体とはなりませんでした。その原因の一つとして、この運動が公害などの問題解決のためのものであり、問題が解決した後収束していったということが挙げられます。ただし、この経験は後のＮＰＯ（Non-

Profit Organization、非営利活動法人）発展の素地をつくったということができるかもしれません。実際、住民運動に参加した人々の中には現在のＮＰＯ活動の担い手もいます。

　いま一つの契機は、いわゆるバブル経済崩壊後の低成長に伴う税収の減少という事情でした。福祉国家の実現に向けて邁進(まいしん)してきた政府にとってその財政的基盤は経済成長によってもたらされる潤沢な税収にありました。しかし、この税収が減少するとともに過去の負債である国債、公債の利払いを含めた残高が国家予算の10倍に膨れ上がり、従来と同様に公共的空間の管理に予算を割くことができない状況に追い込まれました。これに対して、政府は従来の方針を転換し、公共的空間管理の一部を個人や家族、さらに地域社会に戻すことにしました。この方針は、いわゆる「自己決定・自己責任」というスローガンに代表されます。

　ただ、ここで重要な点は、公共的空間を管理する能力が個人や家族、地域社会に備わってきている、もしくは備わりつつあるということでした。従来、政府を構成する職員は、試験制度によって採用され、一般的には高い能力を備えている人物と考えられてきました。しかし、現在では、民間企業に勤める人々の能力も、これら政府職員と同等以上であり、かえって政府職員をしのぐ場合も数多くあります。例えば、かつて、プールは学校か行政が運営する市民プールなどがそのほとんどでした。しかし、現在ではフィットネス・クラブができ、プールの運営を民間が行うことも多くなってきています。ここで働いていた人々が退職などで地域に戻ってくれば、この人々は３年に１度ぐらいの割合で部署を移動する政府職員よりもプール運営に精通しています。これは一例にしかすぎませ

ん。ほかの分野でも、政府職員よりも知識を持つ住民が登場してきています。つまり、個人や家族の私的空間管理能力と同時に、公共的空間管理能力が従前にも増して高まっているという状況が生まれていたのです。

　さらに、地域社会においてはこれら個人の能力をつなぐ仕組みができあがりつつあります。それがＮＰＯといった自発的な組織です。ＮＰＯは、政府による公共的空間管理機能とは別に自らの意思で活動を行っている団体ですが、公共的空間の管理を担っていることに変わりありませんし、従来の町内会、自治会という地域社会が果たす機能の一部を担っているといえます。ただ、町内会、自治会と異なるのは、ＮＰＯがある機能に特化しているという点です。例えば、高齢者に対する配食サービスを行うＮＰＯが、それ以外の機能を果たすことはほとんどありません。これに対して、町内会、自治会はある特定地域の公共的空間の管理を一手に引き受けています。例えば、町内の子供会を開催する一方で、ゴミ収集の監視員を順番に引き受けるといったことなど、さまざまな機能を挙げることができます。したがって、この両者は、公共的空間を管理する上で相互補完的機能を果たしているといえるでしょう。

　ともあれ、このような状況の変化によって、個人や家族、地域社会、ＮＰＯなどの機能集団、政府という４者の公共的空間の管理をめぐる役割分担も変更を余儀なくされています。そこで、まずおのおのの役割を確定させる手続きが必要になります。その手続きは全国一律のものではありません。地域の実情に合った形で決められる必要があります。そうでなければ、公共的空間の管理を有効に行うことはできないからです。この点が、後述のまちづくり条例につな

がっていきます。

（3）公共的空間で起こる問題の解決方法

　ここまで、公共的空間の管理について、やや概念的な説明をしてきました。そのため、少しわかりにくい用語を用いたかもしれません。まず、「個人と家族」という用語です。わざわざこのような用語を使ったのには訳があります。それは、次のような考え方に基づくものです。まず、人は、個人としてさまざまな問題に対処します。もし、個人で解決できない問題が発生した場合には、最小の単位である家族によって問題解決に当たります。それでも解決できない問題については、地域社会を頼りにします。このように、問題解決の当初に権力を持つ団体が登場することはありません。ただ、個人と家族、地域社会でも問題解決を図ることができない場合に、人は政府を設立して問題解決を行うことになります。このような考え方を「補完性の原理」と呼ぶ場合もあります。ともあれ、この考えを示すためにあえてわかりにくい用語法を用いました。

　次に政府という用語についてです。一般には、行政と呼んだ方がわかりやすいかもしれません。しかし、行政といってしまうと議会が除かれてしまいます。さらに、日本においては、国は議院内閣制を、地方自治体は二元代表制をそれぞれ採用しているため、「行政」の示す意味が異なります。そこで、国、地方の両方を説明するため、あえて政府という言葉を使いました。

　今用いた行政という用語もややこしいものの一つです。地方自治体を説明する場合にはなおさらです。地方自治体はどのような構成要素から成り立っているでしょうか。普通は、首長を頂点とする行

政と地方議員から構成される議会から成り立っているとされます。しかし、この両者を選挙によって選ぶのは住民です。したがって地方自治体は、住民、行政、議会から成り立っているというのがより正確な説明です。その一方で地方自治体を代表するのは首長であるのも事実です。そこで、これからの説明では、とりあえず行政という用語を使いたいと思います。ただし、必要がある場合には議会と行政を区別して使用していきます。

これまで、公共的空間の管理について説明してきました。では、地域の公共的空間で起こる課題（「地域の公共的課題」）はどのように解決されるのでしょうか。この点について少し詳しく見ていきます。

地域の公共的課題は、先ほど見てきたように、住民個々人や地域社会によって解決される場合もあります。しかし、この両者が解決できない場合には行政が登場してくることになります。そこで、行政が地域の公共的課題を解決するために策定する政策と参加もしくは協働という言葉との関係について説明します。

今定義したように、政策とは「地域の公共的課題を解決する行政の計画およびその活動」をいうとすると、①公共的課題を認識し ②その問題の解決策を策定し ③その解決策にゴーサインを出し ④実際に解決策に基づいて問題に対応し、そして⑤解決策が実際に問題解決を行ったかどうかを評価する――一連の過程全体が政策には含まれることになります。この過程を取り出して政策サイクルと呼びます。①、②の段階を「プラン」(Plan)、④の段階を「ドゥ」(Do)、⑤の段階を「シー」(See) ということからPlan-Do-Seeのモデルともいわれています。この過程に含まれないのが③の段階で、

これは首長や議会による政治的決定を意味しています。

　さて、公共的空間の管理の担い手がどのようにこのおのおのの過程に関与していくかが次の課題となります。住民の側からすると参加の形態ということができるかもしれません。まず、政策サイクルの全体を行政が担っていた時代においては、住民のその過程への参加は想定されませんでした。次に、住民運動を経た段階においては、政策の企画立案である①、②の段階に住民が参加することになりました。ただ、この際の参加の形態は、住民が政策を一から策定するわけではなく、行政が細部にわたるまで策定を行い、その微調整を住民に依頼するものが基本となっていました。さらにこの段階では、④の過程に住民が参加し、実際に政策の執行を担うというケースは先進的な地方自治体を除いてはまれでした。

　進んで、政策の策定過程において住民が主体的な役割を果たすという段階があります。この段階を前者の参加と区別して参画と呼ぶ場合もあります。最後に、さらに進んで④の過程でも住民が主体的な役割を果たす段階があります。これを協働と呼ぶ場合もあります。

　こう見てくると、各段階を追うごとに住民に課せられたハードルは徐々に高くなっていくことがわかります。その一方で、行政が住民と協働して政策を実現するに当たって重要な点は、この過程を逆に進むことはできないということです。もし、④の実施過程にだけ住民の参加を求めた場合、住民は自らが策定にかかわっていない政策をただ実施する「下請け」としての役割を負うにすぎず、住民の行政に対する不信感が増大する結果となるからです。

(4) 誰が決定するのか

　さらに、ここには一つ大きな問題が横たわっています。それは、誰がまちづくりの計画を決定するかという問題です。そもそも、われわれは代表者を選んでその代表者に地域の公共的課題の解決を委ねています。いわゆる代議制民主主義という統治形態です。この制度では、決定はその代表者が行うことになっています。他方、住民が行政と協働するといった場合でも、この住民はほかの住民に選ばれたわけではありません。したがって、他者の権利を制限したり他者に義務を課したりすることは制度上できません。だからといって、このような主体的に参加する住民の意見を無視することになればまちづくりは行政主導型に逆戻りしてしまい、前述の二つの事情に対応することができません。この問題は提案会でも「まちづくり市民会議」をどのような位置づけとするかという議論につながりました。

　いま一つ誰が決定するのかという点では、日本の地方自治体に固有の制度に起因する課題を惹起します。それは、議会と行政との関係です。日本の地方自治体は、首長と議会議員の双方を住民が選挙によって選ぶ二元代表制を採用しています。この制度では、地域の公共的課題の解決は、首長を頂点とする行政と議会おのおのその権限の範囲内で行うことになります。この両者の関係、さらにはこの両者と住民との関係をあらためて整理する必要があります。制度の趣旨からすれば、住民は議会に対しては討議による合意形成の機能を、首長に対しては地域の政治的統合と政策の実施の機能をそれぞれ信託しているとされます。ただ、この信託には揺らぎが生じてきており、この揺らぎから住民投票制度の制定が日本各地で進めら

第1章 市民勉強会 ― 条例制定に向けての助走段階 ―

れているのは周知の事実です。この課題は、提案会では提言書の「第6章 議会の役割と責任」「第8章 具体的な参画と協働の仕組み」において議論されることになりました。

ともあれ、勉強会では以上の説明に加えて、「条例とは何か」という点についての講義を行い、さらにワークショップによって住民同士が議論するという経験を積みました。これらの経験を踏まえて、参加した市民のまちづくり基本条例制定に向けての機運が高まり、提案会へとつながっていくこととなりました。

市民勉強会の最終回(第8回)ではグループごとに議論の内容をまとめ、発表を行った

第2章 市民提案会での議論

　市民勉強会の終了後、引き続いて「まちづくり基本条例市民提案会」が開催されることになりました。提案会は4月から10月にかけて延べ12回開催され、その成果が「新発田市まちづくり基本条例市民提言書」という形で結実することになります。この12回の議論をすべてご紹介するわけにはいきませんので、前述の課題である①議会の取り扱い　②ま

グループに分かれて論議を重ねた
市民提案会

ちづくり市民会議　③住民投票——に絞って議論の経緯を概説します。ただし、これは、ここで取り上げていない部分が重要ではないということを示しているわけでありません。後に掲載の市民提案全体が市民と行政の協働作業の成果であることは言をまちません。

1．提言書作成のスタンス

　本提言書を作成するに当たり、参加した市民、行政の職員、そしてアドバイザーを務めたわれわれが念頭に置いたのは、この後議会に対して市長から提案される条例案の作成にできる限り本提案の内容を反映してもらえるものにしようということでした。

　これは言い換えると、市民間、行政内部、議会のいずれかにおいて合意を得られないと思われる内容については提言書に掲載しないということを意味していました。ただ、これらの合意が得られるかどうかは不確実な要素が多いため、少なくとも提案会への参加者の意見が一致しないものについては提言書に掲載しないということにしました。

　他方、提案会で提起された内容が参加者の意見の一致を見ないという理由だけで提言書に載せられないことは、参加したことの意味を損ないかねません。そこで、参加者の意見の一致を見なかったものについては、補足意見として提言書本文に付記することにしました。

2．参加者の間で意見が異なった論点

　さて、前述の通り、参加者の間で当初大きく意見が異なった課題は、①議会の取り扱い　②まちづくり市民会議の設置　③住民投票——の導入の三つでした。

　まず、①議会の取り扱いとは、本提案書および条例に、議会の責務について詳細に盛り込むべきかどうかというものでした。提案会で議論が行われていた段階で、地方分権という時代背景に即した議会の責務について定めた条例（栗山町議会基本条例）をいち早く制定した例として北海道栗山町がありました（2006年5月18日施行）。栗山町の例が注目されたのは、議会が率先して4年間の討議を経て自らの議会を活性化するための条例を制定した点（議員提案条例）にありました。この後、いくつかの自治体で議会主導の同種の条例が制定されていますが、まだ必ずしも全国的な流れとなっているとはいえません。また、長が主導して制定した（長提案条例）自治基本条例に議会の項目を盛り込んでいる自治体も多くはありません。

　議会が率先して議会基本条例を制定する機運は、新発田市でもまだ盛り上がりを見せてはいませんでした。しかし、提案会の参加者はいずれも今まで以上に議会が活性化することを望んでいました。別の言い方をすれば、行政だけでなく議会もまちづくりの担い手として、まちづくりの手続き（ルール）にのっとって、その役割をこれまで以上に果たすことを期待していました。提案会の議事録（新発田市ホームページに掲載）をご覧いただければ、この課題に対する参加者の思いは容易に理解できると思います。

　このように、提案会の参加者の間での考え方には大きな差異は

生じませんでした。しかし、実際にこの内容を提言書に盛り込むかどうかという段階である懸念が生じました。具体的には、二元代表制の一方の機関である議会に関する内容を、市長提案条例の元となる提言書に盛り込むことは、議会の自律的決定権を侵し、議会自身が同種の条例を制定しない限りは、条例全体が議会で否決される危険性があるのではないかというものでした。

市民フォーラムで提言書を受け取る片山市長

　この懸念について繰り返し検討した結果、一章を設けて議会についての内容を提案書に盛り込むこととしました。このような判断を下すに至った理由は以下の通りです。まず、市民の「参画と協働」によるまちづくりにとって議会として果たすべき役割は、開かれた議会の実現であり、この点は議会に要望してもよいのではないかということでした。次に、この提言書に盛り込まれた内容はあくまでも提案段階のものであって、条例案に盛り込むか否かはこれを受け取った市長の政治的判断に委ねられるべきであるという考えでした。

　次に、②のまちづくり市民会議の設置についてです。まちづくり市民会議とは、市民提案会の参加者を核として構成する組織で、新発田市のまちづくりに関する個別事案について検討を行う常設型

の諮問機関（審議会に類似）です。このような機関の設置が議題となった背景には、二つの理由がありました。まず、当初勉強会に参加した住民の多くは、「まちづくり」という言葉から新発田市が抱える都市計画上の具体的な課題を検討する会議として勉強会をとらえていたのと同時に、具体的な個別事案について検討を行いたいという意図も持っていました。勉強会を通じて前者の誤解は解けましたが、基本的な参加者の意図は当然のことながら変わることはありませんでした。したがって、提案会では住民と行政とのルール作りが主題であることは参加者の了解事項でしたが、提言に続いて条例が制定された後、個別事案を検討する機関という自らが参加する場の提供を求めたわけです。さらに、この機関の設置は、参加者の思いが表出したものでした。のべ20回、約1年にわたって議論を続けてきたことにより参加者には連帯感が生まれていました。そこで、この気心の知れた「仲間」が集まって新発田市の将来に意見を述べる場所を残しておきたいという考えが醸成されたのも不思議ではありません。

　他方で、いくら連帯感が高まったからといって、提案会に集まった参加者だけが新発田市を担うわけではなく、また逆に特権的な地位を与えることも制度上認めることはできません。

　そこで、個別事案を検討する場の設置という考えを採用して、参加者が中心となるのではなく、公共的課題ごとに設置する形態のまちづくり市民会議の設置を提案することとなりました。

　最後に、③の住民投票の導入についてです。住民投票制度自体は、日本国憲法第95条「特別法の住民投票」として規定され、また、地方自治法などには住民の直接請求の制度として、条例の制

定・改廃請求（第74条など）、長の解職請求（リコール、第81条など）、議員の解職請求（第80条など）などが規定されています。

これに対して、法律の定めはないものの、条例を制定することによって住民投票を行う場合があります。新潟県内では、旧西蒲原郡巻町で行われた原発誘致をめぐる住民投票がその典型例です。これ以外にも各地で条例による住民投票が行われています。その理由は一概にくくることはできません。一般的にいわれることは、直接民主制度は、間接民主制度を補完する役割を果たすということです。長および議会議員の選挙の際には争点とならなかった問題が4年任期の途中で発生した場合、住民の意向を問うことができるという機能です。

ただし、住民投票制度を導入する際には、考慮しておかなければならない点があります。これは、大別すると理念に関する点と制度に関する点です。提案会では前者に議論が集中したので、この点に絞って説明します。

そもそも、自治体の運営だけでなく、国の運営についても日本では間接民主制度が採用されています。この制度が採用されているのは、有効な討議を担保するためです。例えば、新発田市の住民が一堂に会して、ある課題について討議することは可能でしょうか。そのような場所を設定することは事実上不可能です。そこで、討議を可能とする人数を決定して、代表者を選出するという制度が採られています。

したがって、住民投票制度を導入する場合には、有権者が一堂に会することは不可能だとしても、少なくとも討議ができる状態を作っておく必要があります。いま少し詳しくいえば、市民と行政、

市民同士の意見交換ができる場が確保され、意見交換ができる雰囲気が醸成されていることが不可欠です。前者については、物理的な場所かもしれませんし、インターネットのような仮想空間かもしれません。後者については、市民と行政、市民同士が自由に発言でき、討論に慣れているという状況が想定されます。ある市民の主張だけでなく、人格まで否定されてしまうような雰囲気の下では、公共的課題の解決を目的とする住民投票のための討論を行う意味がありません。

次に、拘束性についての議論がありました。法律に定めのない条例による住民投票には、法的拘束力はありません。他方で、住民投票の結果に対しては、政治的拘束力が生まれます。もし、住民投票で80%の賛成を得た解決策を長や議会が反古にした場合、少なくとも次の選挙でその長や議会の議員が当選することは考えられません。したがって、住民投票の結果に対しては、何らかの政治的拘束力が発生すると見ることができます。

そして、地域の公共的課題を解決するために行った住民投票が、かえって新たな住民同士、住民と行政・議会との対立を引き起こすという副作用についても議論する必要があります。

このほかにも住民投票をめぐる論点はさまざま存在しています。これらを子細に検討する時間は提案会にはありませんでした。さらに、新発田市では市民と行政との協働は始まったばかりであり、市民同士の意見交換の場も十分とはいえない現状でした。このような中で住民投票を提案した場合、住民投票の持つ功罪について十分な議論がなされないまま、「住民投票」という言葉だけが独り歩きする危険性がありました。そこで、住民投票については提案しないこ

ととなりました。
　以上の議論を経て生まれたのが、本書に資料として掲げた「新発田市まちづくり基本条例　-市民提言書-」(77ページ)です。これに基づいて、この後の条例が制定されていくことになりました。

第3章 市民提案会から条例へ

1．条例制定の経過と意義

　新潟県北部に位置する人口 104,633人（平成17年国勢調査）の新発田市は、新発田市情報公開条例（平成14年10月1日公布）や新発田市行政評価条例（平成17年3月15日公布）はあったものの、市民参加に関する条例は各種審議会条例ぐらいしかなく、市民参加を保障する法制度的枠組みは極めて不十分な状況にありました。

　また、条例の種類を見ても自主条例は少なく、地方自治法などに基づく必要的条例がほとんどを占めていました。このような中で、「市民参画と協働による新発田市まちづくり基本条例」（以下、「本条例」という）が平成19年3月14日に公布され、4月1日付で施行されたことは非常に意義のあることです。

第3章　市民提案会から条例へ

　もちろん、参画と協働を標榜する条例は全国の相当数の自治体で制定されていますが、新発田市の場合は自主的に参加した市民・市職員による(仮称)まちづくり条例市民提案会（以下、「提案会」という）を延べ20回開催し、ワークショップ形式の中で積み重ねた案を新発田市まちづくり基本条例市民提言書（以下、「提言書」という）として市長あてに提出するという市民参加のプロセスが重要です。さらに、条例の逐条解説版を併せて作成し、各条文の「趣旨」「解説」で提案会での議論を踏まえた立法の趣旨・考え方を明確にしています。

―――――【トピック1】住民参加の問題点と必要性―――――

(a)　住民参加の①積極的理由として、情報提供機能、権利擁護機能、合意形成機能、問題発見機能、②消極的理由として、地方議会の機能不全、計画策定・土地利用手続の不備が、さらに従来型住民参加の問題点として、条例制定・改廃請求などにおける利用条件の厳格性、議会の解散請求などにおける利用条件の著しい厳格性、住民監査請求における請求事項の限定性、住民に対する応答の欠如、行政裁量に立脚した仕組み、審議会手続の儀礼化があげられている ── 大橋洋一『行政法─現代行政過程論』（有斐閣、2001）149－155頁。

(b)　住民参加による合意形成の必要性について、①住民参加による法の内容の充填・多元的な利害調整、②法律の専門的判断能力への疑問と住民・外部の専門家から情報を収集し、その協力を得る必要、③縦割行政の統合化の必要、④議会の機能の限界、⑤権力行政の竹光化、⑥民主主義と情報公開の要請及び住民の納得、⑦法と社会のギャップがあげられている ── 阿部泰隆『行政の法システム(新版)』（有斐閣、1999）546－549頁。

本条例はまちづくり基本条例と銘打ちながら、実態は「理念条例」ではなく、市民の「参画と協働」によるまちづくりの手続き（ルール）を定めた「手続条例」です。条例を制定する意義は市民の代表である議会の議決を経た市としての、直接には市民に向けた意思表明であり、制定された条例は市民だけでなく、市長をも拘束するものです。すなわち、条例に定める手続きを履行しなかった場合には、違法にならない場合でも、政治的責任を生じることになります。

２．本条例の特徴

　本条例は「『参画』と『協働』を基本とし、市民と市が対等の立場で意見を交わし合いながら、市政運営に市民の意向を的確に反映できる仕組みをより一層充実させていくため」（条例前文）に制定されたものですが、新

市民提案会で解説する筆者（南）

発田市行政手続条例（平成８年12月26日公布）に規定のなかった意見公募手続やワークショップなどを含めた市民参画の方法（12条）を定め、市として初めてこの条例案について意見公募手続を先行実施しています。もとより、初めて制定した「参画と協働」に関する

条例ですから、他都市と比較すると一見不十分な箇所もあるように見受けられますが、新発田市の地域性・市民性を一定程度反映した条例であるためです。

条例については、4年を超えない期間ごとに評価・検討を行い、必要な措置を講じるといういわゆる「見直し条項」も盛り込まれています（15条）。また、施策のできるだけ早い時期における市民参画への市の努力義務も規定されており、まさに、市民とともに作り上げていくという性格の条例になっています。

そして、市民と市との対等な立場での役割分担や市民主体のまちづくりを推進するための前提としての「情報の共有」も明記されていますが（3条）、次のようなものが今後の課題として挙げられます(表2)。

表2　新発田市まちづくり条例の今後の課題

①　「参画」と「協働」を基本とし、参画については具体的な内容が盛り込まれているが（5条、7〜11条、14条）、協働については理念だけで具体的内容が明記されていない。 　→今後、条例を実施していく中で具体的内容を書き込んでいくことが望まれる。
②　市民がまちづくりの課題について学習を行う場合の市の支援が「必要な支援」とのみ記載され、内容が書かれていない。 　→技術的支援や場の提供など、市民からの申し出に対し対応できる仕組みをできるだけ明確にしておく必要があると思われる。
③　条例見直しの前提としての評価が「市民参画の評価」と限定されている。 　→政策・施策・基本事業・事務事業を評価の対象とした行政評価条例と役割を分担した上で記載されたものと思われるが、市民は意見を表明するだけでなく、評価に直接参加する仕組みが必要である。

このほか、提言書に記載されていながら、条例に項目として盛り込まれなかったものに「まちづくり市民会議」があります。議会に関する規律事項や市民投票制度の創設は提案会の中でも意見が分かれ、提言内容としても盛り込まれませんでした。それに、行政評価についても、本条例では市民参加への新たに踏み込んだ内容は規定されませんでした。

　このうち、議会に関する規律事項については、議会自らの判断で決すべきであり、市長提案条例の中に盛り込むべきでないという理由によるものです。全国的に見ても、議会を対象とした条例では、政務調査費に対する透明性の確保などを規定した北海道栗山町の栗山町議会基本条例（平成18年5月18日公布）や、北海道ニセコ町のニセコ町まちづくり基本条例（平成12年12月27日公布）の議員提案によって平成17年12月改正で追加された条項、苫小牧市自治基本条例（平成18年12月21日公布）などが散見される程度でしたが、最近は徐々に増えつつあります。ニセコ町の改正条例では、情報共有と住民参加による議会、自主的・自立的な会期外活動、政策会議の設置、政策提言・立法活動を中心とした議員の役割といった内容が規定されています。

　なお、「参画」と「協働」の定義は条例によって異なりますが、本条例における、「市民参画」「協働」の定義は次のようになっています。

(a)　市民参画＝行政活動の企画・立案、実施及び評価の各段階において、市民が主体的に意見を述べ、行動し、又は協力することをいう。

(b) 協働＝市民と市がそれぞれの果たすべき役割及び責任を自覚し、相互に補完し、協力し合うことをいう。

　これに対し、例えば杉並区自治基本条例（平成15年5月1日施行）では、それぞれ次のようになっています。

(a) 参画＝政策の立案から実施および評価に至るまでの過程に主体的に参加し、意思決定に関わることをいう。
(b) 協働＝地域社会の課題の解決を図るため、それぞれの自覚と責任の下に、その立場や特性を尊重し、協力して取り組むことをいう。

　上記二つの条例からは、「参画」は公共的意思決定を、「協働」は事業の執行を中心とした概念ととらえることができます。
　市民投票制度は第2章に譲るとして、以下ではまちづくり、行政評価について他条例を参照しながら、本条例制定の意義・特徴を見ていきたいと思います。

3.「まちづくり」への取り組み

(1) まちづくり条例制定の状況

　まちづくり条例には、大きく分けて「開発規制に関する条例」と「まちづくりの手続を定めた条例」があります。新発田市が制定した本条例は後者の手続きを定めた条例です。

まちづくりについて、大きな問題になったのは、1960年代後半の宅地開発への対応です。全国あちこちで乱開発が行われ、自然環境が悪化しました。これに対し、住民が立ち上がったのですが、このころは多くの自治体が条例ではなく、要綱に基づく行政指導で対応していました。その後、まちづくりは1975年ごろの日照問題などへの対応、1980年ごろの景観問題への対応、1990年ごろのリゾート開発への対応などを経て、2000年ごろから自治基本条例、住民参加条例、まちづくり条例が制定されています。

　先に挙げた北海道ニセコ町のニセコ町まちづくり基本条例がよく知られていますが、ほかに杉並区自治基本条例、西東京市市民参加条例（平成14年10月1日公布）、伊丹市まちづくり基本条例（平成15年3月27日公布）、宝塚市まちづくり基本条例（平成13年12月25日公布）、清瀬市まちづくり基本条例（平成14年9月27日公布）、高知市市民と行政のパートナーシップのまちづくり条例（平成15年4月1日公布）、関川村むらづくり基本条例（平成16年8月1日施行）などがあります。このうち、伊丹市まちづくり基本条例は、「参画と協働によるまちづくり」を標榜し、市民提言を基に条文を作成していますが、条例の構成を挙げると次のようになっています。

　①目的（1条）──市民自治の実現
　②基本理念（2条）──市民と市は対等のパートナーシップ、役割と責任を分担
　③市民の権利と責務（3・4条）──市民のまちづくりにかかわる権利、市民は市と協働するよう努めなければならない
　④市の責務（5条）──市は市民と協働して、まちづくりを推

進するよう努めなければならない
⑤情報の共有（6条）、対話の場の設置（7条）、市民意見表明制度の実施（8条）、行政評価の実施（9条）、審議会等委員へ市民を積極的に加えるよう努める（10条）、学習機会の提供そのほかの支援（11条）、市民投票（12条）、見直し（附則）

　これは、自治基本条例が最高規範性と条例の体系化を有することを除くと、ほかの条例もほぼ共通する構成です。ただ、基本条例はどうしても理念条例になりがちであり、市民参加条例やまちづくり条例がより具体的な規定を置いているのも異なる点です。まちづくりの基本条例でもある本条例も、市民投票を除いて、これらと同様の内容を含んだものとなっています。

【トピック2】　「協働」概念の混乱

(a) 最近の協働論には、ドイツ的に「公私協働論」と捉える考え方と、アングロサクソン的に「社会共通利益分担論」と捉える考え方がある。公私協働論は分権化あるいは民営化された組織との協働論に重点を置いている。社会共通利益分担論では、公共管理における市民の役割分担論に重点を置いている。——山村恒年『行政法と合理的行政過程論』（慈学社、2006）433頁。

(b) 協働の原義には、主体間の対等性に着目したパートナーシップ(Partnership)と、事業の共同性に着目したコラボレーション(Collaboration)があるといわれる。いわば理念としてのパートナーシップと、実態としてのコラボレーションが車の両輪である。——山口道昭編著『協働と市民活動の実務』（ぎょうせい、2006）10頁。

（2）まちづくりを進める主体

①直接請求・請願・陳情・審議会等の制度の機能不全　②行政能力の限界——という実態が明らかになってきた従来の市民参加から、新しい枠組みの市民参加制度がつくられていますが、それでは今後民間でまちづくりを進める主体となるのはどのような人・組織でしょうか。考えられるものに町内会・自治会やNPOがあります。町内会などは明治22年の町村合併以前の区域をそのまま引き継いだものが多いですが、最近では特に都市部を中心に十分機能していないところが見受けられます。これは新発田市も例外ではありません。

NPOは福祉や環境など、特定分野を実施するために自主的に組織されたものですが、こういった団体をどのように組み込んでいくべきかという問題があります。他都市では、町内会の区域に必ずしもこだわらずに地区レベルでつくった組織を条例で位置づけ、市民の意見を反映させようとしています。

日本各地の地区レベル組織の例を表3に示します。なお、逗子市は市全体のテーマにかかわるまちづくりの計画を策定するテーマ型まちづくり協議会（15条）も規定しています。

このうち、神戸市の条例の場合、「市長及びまちづくり協議会は、まちづくり協定に係る地区内において建築物の新築等を行う者にその内容を市長に届け出るよう要請できる」（11条）とし、これを受けて12条では、市長が届け出をした者と協議する時、まちづくり協議会も市長に意見を述べることができる旨を規定し、まちづくり協議会に一定の役割を持たせています。

第3章 市民提案会から条例へ

表3 日本各地の地区レベル組織の例

市町村名	根拠条例および条文	名　称
神戸市	地区計画及びまちづくり協定等に関する条例（昭和56年12月23日公布）→4条	まちづくり協議会
豊中市	豊中市まちづくり条例（平成4年10月7日公布）→5条	まちづくり協議会
鎌倉市	鎌倉市まちづくり条例（平成7年6月25日公布）→28条	まちづくり市民団体
蕨　市	蕨市まちづくり条例（昭和63年3月31日公布）→6条	地区まちづくり協議会
逗子市	逗子市まちづくり条例（平成14年3月6日公布）→10条	地区まちづくり協議会

　そして、まちづくり協議会は、①まちづくり構想の策定と意見調整　②住民意向調査　③制度や事業についての市民への説明会　④情報誌の発行――などの活動を積極的に行ってきました。まちづくり協議会が行ったまちづくり提案に対しては、市長は配慮するよう努めるものとするとされています（8条）。

　神戸市では多くのまちづくり協議会（真野地区まちづくり推進会ほか）が各地区に設立され、特に阪神・淡路大震災後のまちづくりには大きな役割を果たしました。震災からの復興に当たっては、100を超えるまちづくり協議会がつくられましたし、現在でも多くのまちづくり協議会が存在し、まちづくり協定も12締結され、機能しています。

　また、豊中市でも豊中駅前まちづくり推進協議会などが設立され、活発な活動を行っています。

　このほか、コミュニティづくりを進めるための条例が制定されており、武蔵野市コミュニティ条例（平成13年12月3日公布）や高知

市市民と行政のパートナーシップのまちづくり条例（平成15年4月1日公布）があります。

　武蔵野市の条例は、コミュニティとは地域的区分を基礎単位としたものにとどまらないという認識の下、3条でコミュニティを地域コミュニティ、目的別コミュニティ、電子コミュニティに区分し、それぞれ定義しています。

　①地域コミュニティ＝居住地域における日常生活の中での出会い、多様な地域活動への参加等を通して形成される人と人とのつながり
　②目的別コミュニティ＝福祉、環境、教育、文化、スポーツ等に対する共通の関心に支えられた活動によって形成される人と人とのつながり
　③電子コミュニティ＝インターネットそのほか高度情報通信ネットワークを通して、時間的及び場所的に制約されることなく形成される人と人とのつながり

　そして、武蔵野市は19カ所のコミュニティセンター（平成19年4月1日現在）を設置するとともに、コミュニティづくりの支援を行っています。

　高知市の条例は、コミュニティ計画の策定を規定していますが（15条）、策定単位はおおむね小学校区を単位とし、公募によって組織したコミュニティ計画策定市民会議が計画策定に当たっています。そして、策定が終了した地区ではコミュニティ計画推進市民会議を結成し（26地区のうち21地区）、町内会など、地域の各種団体と

連携を図りながら、活動を展開しています。

　設置管理条例としてのコミュニティセンター条例は多数ありますが、コミュニティづくりを主眼に置いた条例はほかに見られないものです。ただ、新発田市を含む地方の中小都市にとっては、まちづくりの主体としてコミュニティを考える場合、やはり地域コミュニティの醸成が基盤となってくると思われます。

　このほか、地域福祉活動に限定してではありますが、コミュニティ活動の推進を図っているものとして、神戸市ふれあいのまちづくり条例（平成２年３月31日公布）が挙げられます。これは、ふれあいのまちづくり協議会の組織化とその活動支援のための地域福祉センターの設置（平成19年４月１日現在181カ所）が柱となった条例です（１条・４条）。この協議会はおおむね小学校区単位で組織し、各種地域団体などの構成員がふれあい喫茶、子育てサークル、高齢者の給食サービスや文化祭・夏祭りなどを実施し、大都市において空洞化しがちなコミュニティの充実に貢献しています。

　このように、ある程度規模の大きい都市ではコミュニティづくりの基盤をおおむね小学校区単位にしていますが、これは小学校が防災拠点としての役割も併せ持つものと位置づけられています。しかし、コミュニティづくりを進めるため単位をどうするかは、地域の実情によって異なってくるものと思われます。

（３）まちづくり団体と条例による位置づけ

　本条例では、まちづくり団体について何の規定も置かれていません。これは、まちづくりを行う市民団体活動が不要というのではなく、①まちづくり団体に特別の位置づけ、権限は与えない　②各種

審議会・議会との役割分担を明確にする必要がある —— という判断からです。まちづくり団体については、組織の形態も含め、自主性・自立性を維持しながら、従前からある参加制度を活用したり、市民と同等の資格で自発的な提案を行ったりして市政に参画してもらおうという趣旨になっています。

しかし、他都市では上記に挙げたまちづくりへの提案などを行う以外に、制定された条例の運用状況を点検・審議するためにまちづくり団体を条例上位置づけている例があります。それは、条例の運用状況を市民とともに点検・審議することによって、すなわち条例の運用状況を点検する場面においても市民参加を保障した上で、条例の改善を図っていこうとするものです。そういった観点から、市

表4　全国の条例の運用状況・点検を行うための組織の例

市町村名	根拠条例および条文	設置会議名
大和市	大和市新しい公共を創造する市民活動推進条例（平成14年6月28日制定）→14条	協働推進会議……①
金沢市	金沢市における市民参加及び協働の推進に関する条例（平成17年3月25日制定）→17条	協働をすすめる市民会議……②
鯖江市	鯖江市市民活動によるまちづくり推進条例（平成15年8月11日制定）→10条	市民協働推進会議……③
逗子市	逗子市市民参加条例（平成17年12月19日制定）→13条	市民参加制度審査会……④
旭川市	旭川市市民参加推進条例（平成14年7月4日制定）→15条	市民参加推進会……⑤
小金井市	小金井市市民参加条例（平成15年6月26日制定）→19条	市民参加推進会議……⑥

民が参加した団体を条例で位置づけたものとして、全国には表4で示した会議が設置されています。

このうち、①の協働推進会議（大和市）は、「条例に基づく具体的手続や運用に関する事項そのほか新しい公共の創造に関する事項を調査審議すること」とされていますが、自主性、独自性、自由な議論が尊重される必要があることから、市長の諮問事項を調査・審議する附属機関としては位置づけられていません。

②の協働をすすめる市民会議（金沢市）は、条例に位置づけられた自主的かつ自発的な市民参加および協働による市政を推進するための組織であって、委員30人以内で、地域団体、市民活動団体、公募委員などで構成しています。

③の市民協働推進会議（鯖江市）は、新しい公共サービスの創造を市民参加で進めるため（条例の推進を含む）の組織で、委員は市長が委嘱しますが、報酬は無償とされています。

④の市民参加制度審査会（逗子市）は、条例に規定された市民参加が適正に運営されるために組織されています。

⑤の市民参加推進会議（旭川市）は、市長の諮問に応じて、市民参加に関する基本的事項を調査審議する組織で、委員15人以内で構成しています。

また、⑥の市民参加推進会議（小金井市）は条例の適正な運用状況を審議するために組織されたもので、市民、市民団体代表ほかの構成で委員12人以内、委員報酬ありとなっています。

4．行政評価・政策評価と市民参加

　本条例では、「まちづくりに関する基本理念にのっとり、行政運営が適切に行われているかどうかの検証を行うため年度ごとに市民参画に関する取組を総括し市民に公表し、意見を求める」(14条)と規定されていますが、この条文は、条例評価が目的であり、政策評価・行政評価に対する市民参加の仕組みを規定するものではありません。提言書では、事務事業に対する市民目線の評価が反映される仕組みの導入が求められていました。

　現在、国では「行政機関が行う政策の評価に関する法律」に、自治体では行政評価条例に基づいて定量的（数値設定）あるいは定性的に、政策評価・行政評価が行われています。新発田市でも行政評価条例を制定し、市民の視点に立った政策等の見直しや市民意見の反映（3条・11条）は規定されているものの、政策評価・行政評価への市民参加を明確に制度化した規定はありません。

　政策評価・行政評価については、内部評価だけでなく、外部評価、第三者評価をどう制度化するのかも大きな問題です。他都市でもほぼ同様な状況で、外部監査はあっても外部評価、第三者評価を制度化したものはほとんど見当たりません。わずかに、富士河口湖町の外部評価に関する条例（平成17年3月7日公布）や苫小牧市自治基本条例、九重町まちづくり基本条例（平成16年12月21日公布）に文言があがっている程度です。それも後者の二つは基本条例という性格から、努力義務規定となっており、富士河口湖町の条例だけが外部評価実施を規定しています。ただし、評価を行う者の要件は、「外部評価を適切に行う能力を有するもの」と、「そのほか町

長が必要と認めるもの」とされており、評価を実施する人物がたとえ公募によって選ばれるとしても、町民参加が保障された規定にはなっていません。今後の制度設計の課題といえるでしょう。

　このように、本条例は今後運用の中で検討し、充実させていくべき課題を有しているとはいえ、市民参加を規定した条例が多くの市民と職員の長期間にわたる共同作業の中で実現したことは大きな成果といえます。

第4章 条例からまちづくりへ
― 条例施行後1年を経て ―

　2007年4月1日、この年度の1号の条例として「市民参画と協働による新発田市まちづくり基本条例」は施行されました。この施行によって住民と新発田市との関係はどのように変化したのでしょうか。また、この条例の施行によって住民、市双方に新たな課題は発生していないのでしょうか。この2点について、私の経験を基にして若干検討してみます。ただ、まだ条例が制定されてから1年あまりしか経過しておらず、市としても2008年7月18日を締め切り日とした市民参画の進捗状況に関するパブリックコメントを現在進めている最中であり、その結果も明らかではないので、あくまでも現時点での見解です。

　まず、市民と市との関係の変化についてですが、1年でこの関係

第4章　条例からまちづくりへ ― 条例施行後1年を経て ―

が大幅に変化することは考えられません。しかし、少なくとも市の取り組みは大きく変化したといえます。具体的には、審議会等の公募委員の割合は条例制定以前と比較して、増加しました。これは、従来の市選任委員に代えて公募委員枠を新設したことによる効果です。さらに、公募委員枠の拡大は、市民の行政活動に対する関心を喚起する効果も併せて持っているといえるでしょう。現在、私が委員長を務めている県立新発田病院跡地活用市民検討委員会でも、公募委員枠5人に対して20人を超える市民の応募がありました。確かに、県立病院跡地は、市の中心に位置し、もともとは新発田城の敷地であったという特殊事情を考慮に入れなければなりませんが、それでも市民の行政活動に対する関心は少しずつ高まってきていると考えられます。

　その一方で、このような変化に伴う新たな課題も発生しています。まず、審議会等の位置づけについてです。そもそも審議会とは、行政内部には存在しない情報（専門知識など）について、外部の専門家に対して検討を依頼し、答申という形の意見書の提出を求めるために設置されるものです。ただ、従来の審議会の委員は、あくまでも審議会の答申は参考意見であり、長が政治決定を行う材料にしかすぎないと認識して委員会に参加してきました。

　しかし、市民の多くはこの審議会の位置づけを十分には理解していない場合があります。つまり、審議会の意見がそのまま実現すると勘違いする場合があるということです。したがって、この点については、審議会等の最初の回のみならず折に触れて参加している委員に市として伝えていく必要があります。県立新発田病院跡地活用市民検討委員会でも、市の担当者の方のみならず、私からも何度か

この点について委員の方々の理解を得られるよう説明を繰り返しました。

　次に、今述べたこととも関連するのですが、「市民参画によるまちづくり」には手間と時間がかかるということです。従来、審議会の位置づけについて説明する必要はありませんでした。なぜならば、市が選任した委員が構成メンバーであり、何度か審議会を経験した委員も多かったからです。また、公募委員を加えるということは、そのための選考の手続が必要であり、これにも時間を費やす必要があります。選考過程が透明・公正であることは言をまちません。さらに、審議会は、市側が作成した原案の修正を行うという形態が一般的ですが、市民参画を進めるという点からすると、市側は原案提示をせず、審議会で議論を進めて答申を行うという形態を採ることになります。この形態では、委員からの議論が百出することは必定です。県立新発田病院跡地活用市民検討委員会でも、市側が枠組みだけを提示して原案を提示しないという手法を採用したため、委員相互間の討論に時間が必要となり、当初予定していた約2倍の回数委員会を開催しなければなりませんでした。

　つまり、参加メカニズムを実際に運用するということは、手続き上の時間および討論の実質時間の双方で、従来と比較して多大な時間を必要とするということです。ただ、民主主義に時間がかかるということは周知の事実です。この点を住民、市双方が承知していくことが今後求められるでしょう。

　ここに挙げたのは、市民参加の一例にすぎません。したがって、今後市民と市との関係はさらなる変化を遂げていくことになると思いますし、すでに潜在的には、変化が進行しているのかもしれませ

第4章 条例からまちづくりへ ―条例施行後1年を経て―

ん。そこで、最後に、今後課題となる可能性のある点について、審議会等の運営に限って若干言及しておきたいと思います。現在審議会への公募市民の招請は進んでいます。この傾向が進むと、ある審議会の委員はすべて公募市民ということも起こり得ると想定できます。このとき、公募を行わない審議会は本条例に規定された市民参画に反するものであるという批判が出る可能性があります。

しかし、市民提言書、条例双方で述べられているとおり、このような形態の審議会が必ずしも市民参画に反するものとはいえません。先にも述べたように審議会には専門性が要求される場合があります。その際、必要な専門的知識がない委員だけで構成される審議会は、その役割を十全に果たすことができないことになります。ただ、市としては審議会の構成について市民に対して説明する必要があり、これは従前よりも高まっています。

審議会ばかりではありません。行政活動についての市民に対する説明が今まで以上に求められるようになってくるでしょう。

他方で、市民の側でも何を説明してほしいのかを具体的に市に伝える能力を身につける必要があります。

したがって、今後の課題は市民と市との情報の伝達をどのように円滑に行っていくのかということになると考えられます。

おわりに

　新発田市の本条例は、勉強会を含めてワークショップを延べ20回開催し、提案会で提言書が作られていったことは先に述べました。市民にとって条例は日常生活ではほとんど縁のない存在であり、ましてや条例制定に関与した経験のある市民はごく一握りでしょう。そのため、「条例とは一体何なのか、条例でできることは何か」や「条例の作り方」といった勉強も行い、まちづくりだけでなく、条例そのものへの認識も深めていきました。

　市民参加は手間暇のかかるものですが、行政の有する権限、能力は完璧なものではないので、市民の参画・協働による政策決定・執行は欠かせません。その仕組みを作ったのが本条例です。日本語に手前味噌という言葉がありますが、内輪・内部にはどうしても甘くなりますから、市民の目で厳しくチェックしていくことが必要です。

　ところで、本条例作りに採用したワークショップを実施し、参加した市民からの提言を提言書という形にまとめ、条例制定につなげていくというやり方も増えつつあります。新発田市の運営方法はその先頭グループに位置したものといえます。

　提案会の中では、多くの質問・意見が出され、活発な議論が展開されました。新発田市にとって、これは大きな財産であり、今後引き続き発展させていくべきものです。市長さん、市民の皆さん、市職員の皆さん、ご苦労さまでしたと言いたいところですが、せっかく条例を作ったのですから、これからが大事です。提言書の内容には必ずしも採用されていないところもあります。今後、条例を十分活用することによって内容を充実させていくことが期待されます。

― 資 料 編 ―

用語説明
まちづくりの具体例
文献紹介

用語説明

情報公開

　国民・住民が行政機関に行政文書を公開するよう求めることができる制度。行政機関の保有する文書を原則公開とすることによって、行政活動を説明する義務を果たさせ、公正で民主的な行政の推進を目的とします。ただし、個人情報や法人情報、意思形成過程情報、事務事業情報などは、一部の例外を除き非開示とされています。1776年にスウェーデンで導入されたのが最初ですが、日本では昭和57年（1982年）に山形県金山町で公文書公開条例が制定され、以後同年の神奈川県条例制定によって全国に広まっていきました。国では、平成11年（1999年）に「行政機関の保有する情報の公開に関する法律」などが制定されています。1966年制定のアメリカの情報自由法（Freedom of Information Act）は日本の法制度に大きな影響を与えました。

行政評価

　行政が行う事務事業の見直しは従前から行われてきましたが、財政危機を背景に住民に対する説明責任を果たす必要から近年、行政評価が行われています。「政策評価」が政策の必要性・優先性・有効性を問うのに対し、「行政評価」は政策の合規性、合目的性、効率性などの分析という説明がされてきましたが、自治体においては必ずしも明確に区分して使われていません。評価の観点も①事業実

施から成果測定へ　②定性的評価から定量的評価へ ── と変化してきており、成果指標による事業評価や数値目標の設定とそれに対する到達度を検証するという方法が広がってきています。例えば、滋賀県では琵琶湖の透明度を平成22年度（2010年度）には昭和40年代前半推定値に回復させる目標を立てて取り組んでいます。

自主条例

　条例の分類の仕方はいろいろありますが、法律との関係で見た場合、①法律に基づく事務の基準・手続きなどを定める法令事務条例（委任条例、法執行条例）と②法律とは別に独自に地域の課題に応えるため事務を創設し、その基準・手続きなどを定める自主条例に分けることができます。法律の規律する内容は全国一律のため地域の事情を十分反映していない場合が見られますが、その場合、条例を作る必要性を踏まえて制定されるのが自主条例です。例えば、道路交通法では十分取り締まれない暴走族を対象とした「暴走族追放条例」、墓地・埋葬等に関する法律では対応できないペットの葬祭施設などを対象とした「ペット霊園設置等条例」が挙げられます。分権化の進展もあって、自主条例は増加しています。

必要的条例

　自治体の事務の中には、地方自治法などの規定によって必ず条例で定めなければならない事項と条例で定めるのを法で義務づけられていない事項があります。前者に関する条例を必要的条例、後者に関する条例を任意的条例と呼びます。例えば、分担金・使用料・手数料など住民に負担を課す場合、公の施設を設置する場合、職員

の給与・勤務時間などを定める場合などは法律によって条例で定めなければならないこととされており、必要的条例に当たります。任意的事項について条例で定めるかどうかは、その自治体の政策的判断の問題といえますが、自治立法によって民主的根拠・透明性を与えるという点からもできるだけ条例で定めることが望ましいものです。

意見公募手続

　パブリック・コメントとも呼ばれます。平成11年に国の閣議決定によって、「規制の設定又は改廃に係る意見提出手続」として始められ、平成17年に「行政手続法」の改正により、「意見公募手続」として、その中に定められました。行政機関の案ができた段階で国民や住民の意見を聴くために実施されるもので、行政機関とともに案を作り上げていく住民の参画とは区別されます。国では法律や政省令の制定・改正など、幅広い対象で行われており、自治体でも制定した市民パブリック・コメント手続条例、行政手続条例、パブリック・コメント実施要綱などに基づいて条例の制定・改正、総合計画策定、個別事業の基本方針なども含めて実施されています。

要綱行政

　要綱は議会で制定された立法である法律・条例と異なり、行政内部の規範です。規制的行政活動の根拠や基準を定める「指導要綱」と、補助金や行政サービス提供の事務処理基準・手続きを定める「助成要綱」に区分されます。かつては宅地開発等指導要綱に見られるように、行政指導の根拠として条例制定権を補完するなど

一定の役割を果たしましたが、①建築確認申請の留保をめぐる判決（最高裁昭和60年7月16日）②宅地開発をめぐる給水拒否に関する決定（最高裁平成元年11月8日）③教育施設負担金納付をめぐる判決（最高裁平成5年2月18日）——などによって、要綱行政の限界が明らかになりました。しかし、現在でも例えば、産業廃棄物処理施設設置に際して、住民同意を求める根拠として要綱が使用されていますが、できるだけ事前の紛争処理手続きとして条例化することが望ましいと考えられています。

行政指導

「行政手続法」では、行政指導を「行政機関がその任務又は所掌事務の範囲内において、一定の行政目的を実現するため特定の者に一定の作為又は不作為を求める指導、勧告、助言その他の行為であって処分に該当しないもの」と定義しています。行政指導は日本特有のものではなく、同様の行為形態は外国にも見られ、法律の不備・硬直性を補う点で一定の役割を果たしてきましたし、現在でも行政現場では、住民などの了解を得ながら行政指導が行われています。しかし、行政指導はあくまでも相手方が任意に従っている限りで適法なものであり、行政指導に従わないことを理由に不利益を与えたり、強制にわたる場合には違法となります。「行政手続法」では、行政指導を行う場合に、趣旨・内容・責任者を示すなど方式の明確化が図られています。

最高規範性

平成12年に制定された北海道ニセコ町の「ニセコ町まちづくり基

本条例」を皮切りに、「杉並区自治基本条例」など、まちづくり基本条例や自治基本条例といった名前の条例が多く制定されるようになりました。自治体運営の方向性を唱うこれらの条例は、最高規範性・体系性を持つのが特徴とされます。これらの条例では、当該自治体でほかの条例・規則などでまちづくりの制度を設けたり、実施しようとする場合にはまちづくり基本条例などに定める事項を最大限尊重するように定められています。これを最高規範性といい、自治体の憲法と呼ばれることもあります。もとよりほかの条例との間で法の形式的効力に優劣はありませんが、他条例に最大限の尊重義務を課しているのが特徴です。

NPO

　Non Profit Organization（民間非営利組織）の略語で、非政府組織を意味するNGO（Non Governmental Organization）とは区別されます。阪神・淡路大震災におけるボランティアの活躍が大きな契機となって、平成10年に特定非営利活動促進法（いわゆるNPO法）として成立しました。それまでの民法に基づく公益法人の設立認可手続きが煩雑であったのを簡略化し、認証による簡易・迅速な法人格取得の道を開きました。活動領域は現在、法で17分野が挙げられていますが、多い順に①保健・医療・福祉の増進　②社会教育推進　③まちづくりの推進　④こどもの健全育成　⑤学術・文化・芸術・スポーツ振興――となっています。

設置管理条例

　地方自治法に定める「公の施設」、すなわち「住民の福祉を増進

する目的をもってその利用に供するための施設」を設置・管理するため、法律に規定がない場合は条例で定めなければなりません。学校・病院・会館・体育館・博物館などの施設です。設置と管理を別の条例に定める場合もありますが、設置管理条例という一つの条例として制定されていることが多くなっています。例えば、「蕗谷虹児記念館設置及び管理に関する条例」といった名称などが使用され、条例では、設置に関する部分（施設設置の趣旨・名称・位置など）や管理に関する部分（利用許可・料金額・指定管理者指定手続など）が定められています。

条例と逐条解説版

　逐条解説とは、立法担当者（法令制定にかかわった者）による条文ごとの解説をいいます。例えば、条例を制定する場合には、その前提として、生じている問題の把握・分析、法律による解決の可否、条例制定の必要性といった議論が行われます。しかし、制定された条例本体はその結論が簡素化された形で技術的に作られるため、内容がわかりにくいことが少なくありません。そのため、住民などの第三者でも理解しやすいように、条文ごとに解説が作られ、条例制定の趣旨、条文の意図、用語の意味などが詳しく述べられることになります。今回の「市民参画と協働による新発田市まちづくり基本条例」においても、各条文の趣旨と解説からなる「逐条解説版」が作られ、市民などの条例理解に資することになります。

まちづくりの具体例

(事例1) 伊丹市──市民による条例制定および見直しの提言

　伊丹市は兵庫県南東部にある人口194,705人（平成20年5月1日現在推計人口）、大阪国際空港で知られる市ですが、市民の参画と協働によって「伊丹市まちづくり基本条例」を平成15年3月27日に制定しています。平成14年1月に市長からまちづくり条例に関する提言作成の依頼を受けて、公募委員15人、団体役員15人の計30人から構成される「まちづくり基本条例をつくる会」を発足させ、以後21回の全体会と17回の運営委員会を重ね、市民報告会を経た後、同年末に市長へ提言を提出しています。「まちづくり基本条例をつくる会」の運営は、委員自らが会の運営方法を決定していく方法で行われ、傍聴者意見制度や報告会（意見交換会）も開催されています。また、条例施行後3年を経た平成18年6月には市長から委嘱を受けた「伊丹市まちづくり基本条例の推進状況を検討する会」がつくられ、条例の見直し作業を実施した上、平成19年3月30日に市長に新たな仕組みや手続きの提言を行っています。

(事例2) 豊中市──まちづくり組織を育てる

　豊中市は大阪府中央部北側に位置する人口388,043人（平成20年4月30日現在推計人口）、千里ニュータウンで知られる市ですが、豊中市まちづくり条例に基づく3つの協議会や10に上る研究会・勉強

会が存在し、活発な市民によるまちづくりが行われています。中でも、「豊中駅前まちづくり推進協議会」は昭和63年の若手商業者らによる勉強会が始まりで、以後任意の研究会を経て、平成５年に協議会認定第１号になっています。この協議会は地元住民や商業者を中心に構成されていますが、これまでの主な活動としては、①「豊中駅前まちづくり構想」をまとめ、条例に基づき市長に提案　②協議会有志による「㈲豊中駅前まちづくり会社」の設立　③「豊中駅前地区交通社会実験」の実施　④駅前地区における整備計画の作成──が挙げられます。豊中市まちづくり条例の特徴は、まちづくり組織への支援ですが、財政面（活動助成）だけでなく、まちづくり協議会や協議会設立間近の研究会への技術面（まちづくりコンサルタントなどの派遣）からの支援など、まちづくり組織と連携しながら育てていこうとする政策が重要な柱になっています。

(事例３) 宝塚市 ── 市民による地区まちづくりへの支援

　宝塚市は兵庫県南東部にある人口222,786人（平成20年７月１日現在推計人口）、歌劇・温泉や手塚治虫記念館で知られる市ですが、理念条例である「宝塚市まちづくり基本条例」の趣旨に基づき、それまでの開発指導要綱に代えて「開発事業における協働のまちづくりの推進に関する条例」（平成17年10月１日施行）を制定し、市・市民・開発事業者の協働で地域特性に応じたまちづくりを進めています。

　条例では、地区住民の大多数によって設置されているなど一定の要件を満たす団体を市長は「まちづくり活動団体」として認定する

ことができると定めており、認定された「まちづくり活動団体」は住民の総意によって、その地区内のまちづくりルールを策定できることになっています。そして、開発事業者が市長によって認定された地区まちづくりルールに配慮していない時は、市長は助言・指導を行うことによって、一定の実効性を確保する仕組みにしています。さらに、まちづくり活動団体は地区まちづくりルールのうち、地区計画とする必要があるものについては、地区計画として定めるよう市長に要請することができるとしており、住民の自主的なまちづくりへの支援の枠組みが明確にされています。

また、一定規模以上の開発事業で紛争が生じた場合の、まちづくり専門委員による調停制度も設けています。

(事例４) 岸和田市 ── 自治基本条例推進委員会の設置

岸和田市は大阪府南部にある人口203,939人（平成20年８月１日現在の住民基本台帳人口と外国人登録人口の計）、泉州綿織物のほか、城とだんじりで知られる市ですが、制定した「岸和田市自治基本条例」（平成17年８月１日施行）の基本理念を推進し、実効性を確保するための制度の検討、これらの検討を踏まえた条例および条例に基づく制度の見直し等について調査審議し、意見を述べる機関として平成18年７月から「自治基本条例推進委員会」が設置されています。この委員会は岸和田市附属機関条例による市長の附属機関として位置づけられていますが、公募委員・学識者など13人から構成され、平成20年６月30日には調査審議した結果に基づき、市長に建議を行っています。

まちづくりの具体例

　建議では、条例全般にわたる検討が行われていますが、特に①コミュニティ活動の推進への方策の検討　②外部評価機関創設の必要性の項目――が目に付きます。①は、条例でコミュニティ活動推進のため、小学校区単位で地区市民協議会を設立することができると規定しており、実際全小学校区に地区市民協議会が組織されているものの活発でないところもあることから、今後は、行政が持っている権限・財源の移譲による自ら責任を持って自己決定できる方策の検討が必要とするものです。②は、行政評価が行政だけが評価する自己評価であり、市政の透明性・健全性等確保に十分な機能を果たしてこなかったことから、行政評価に当たっては市民・議会・専門家を交えた外部評価機関の創設等が必要とするものです。併せて費用対効果・市民満足度・事業進捗度等の市民が判断できる評価項目の取り入れを提案しています。

文献紹介

1. 佐藤竺監修、今川晃・馬場健編『市民のための地方自治入門 ― 行政主導型から住民参加型へ』(実務教育出版、2005)

2. 大森彌他著、(財)地域活性化センター編集協力『自立と協働によるまちづくり読本 ―自治「再」発見』(ぎょうせい、2004)

3. 辻山幸宣編著『新しい自治がつくる地域社会』(ぎょうせい、2006)

4. 山口道昭編著『新しい自治がつくる地域社会第2巻・協働と市民活動の実務』(ぎょうせい、2006)

5. 羽貝正美編・玉野和志著『自治と参加・協働―ローカル・ガバナンスの再構築(都市科学叢書1)』(学芸出版社、2007)

6. 市町村アカデミー監修『自治体と地域住民との協働(市町村アカデミー研修叢書)』(ぎょうせい、2005)

7. 大内田鶴子『コミュニティ・ガバナンス―伝統からパブリック参加へ』(ぎょうせい、2006)

8. 小林重敬編著『地方分権時代のまちづくり条例』(学芸出版社、2003)

9. 野口和雄『まちづくり条例のつくり方 ― まちをつくるシステム』(自治体研究社、2004)

10. 松下啓一『協働社会をつくる条例―自治基本条例・住民参加条例・市民協働支援条例の考え方』(ぎょうせい、2004)

11. 松下啓一『自治基本条例のつくり方』(ぎょうせい、2007)

12. 神原勝『自治基本条例の理論と方法』(公人の友社、2005)

13. 神原勝『自治・議会基本条例論 ― 自治体運営の先端を拓く』(公人の友社、2008)

14. 橋場利勝・神原勝『栗山町発・議会基本条例』(公人の友社、2006)

15. 久保光弘『まちづくり協議会とまちづくり提案』(学芸出版社、2005)

16. 礒崎初仁編著『自治体改革4・政策法務の新展開～ローカル・ルールが見えてきた～』(ぎょうせい、2004)

17. 山口道昭編著『使える!岸和田市自治基本条例―活用のための制度設計』(第一法規、2005)

18. 北村喜宣『分権改革と条例』(弘文堂、2004)

「新発田市まちづくり基本条例 市民提言書」「市民参画と協働による新発田市まちづくり基本条例 逐条解説版」および同条例制定までの過程で開催された市民勉強会・市民提案会の資料や議事録が、新発田市ホームページ http://www.city.shibata.niigata.jp/ に掲載されています。

(2008年9月現在)

新発田市まちづくり基本条例
― 市民提言書 ―

● 新発田市まちづくり基本条例 ●
― 市民提言書 ―

【目　次】

第1章　はじめに
1　「まちづくり」とは何か、「市民参画」、「協働」がなぜ必要なのか
　(1)　まちづくりとは　まちづくり条例とは
　(2)　市民参画、協働がなぜ必要なのか
2　提言書作成に至るまでの経緯及び提言書に込める思い
3　この提言書の構成

第2章　新発田市のまちづくりにおける現状と課題
1　市民の現状と課題
2　市の現状と課題
3　情報の共有に関する現状と課題
4　議会の現状と課題

第3章　まちづくりの基本理念
1　市民が主役、あらゆる主体が担い手となるまちづくりが基本です
　(1)　まちは市民のためにある
　(2)　あらゆる主体のまちづくりに関わる権利を尊重することが大切です
2　役割を自覚、分担して、対等な立場での協働体制を確立する
　(1)　誰もが主体的、積極的にまちづくりに関わり、役割と責任を意識すべきです
　(2)　あらゆる主体は対等なパートナーです
　(3)　お互いを尊重しながら協働の仕組みをつくっていく
3　情報共有は協働の大前提です
4　地域の良さを見直し、活用し、伝えていくことが大切です

第4章　市民等の役割と責任
1　主体的、積極的な姿勢が求められています
2　お互いが支え合い、連携し、活動する協働のまちづくりが必要です
3　次世代に伝えていくことが大切です

第5章　市の役割と責任
1　これまでのまちづくりを見直し、新しいまちづくりに向け役割分担を明確にするべきです
2　あらゆる主体のまちづくりに関わる権利を具体的に保障すべきです
3　協働を促すような支援、公正・公平な支援が必要です
4　職員の資質向上と行政組織のあり方の見直しが必要です

第6章　議会の役割と責任
1　住民参加型の議会をめざしてほしい
2　議員自ら、住民参画を促してもらいたい

第7章　情報の共有
1　市民の知る権利を保障すべきです
2　個人情報などの保護
3　情報を適切に収集・整理・提供するための環境整備
4　情報を積極的に収集し、活用すべきです

第8章　具体的な参画と協働の仕組み
1　「交流の場」を核とした新しいまちづくりの展開
　(1)　交流の場、対話の場の創出
　(2)　さまざまな交流の場
　(3)　交流の場における人材育成
　(4)　まちづくり協議会(まちづくり市民会議)の設置
2　市民が市政に参画するための仕組みづくり
　(1)　市民意見公募制度(パブリックコメント制度)の導入
　(2)　市民評価の仕組みづくり
　(3)　審議会等における市民公募枠等の設定
3　協働の仕組みづくり
　(1)　まちづくり活動への支援

第9章　「新発田市まちづくり基本条例」の制定にあたり
　(1)　この条例の位置づけについて
　(2)　条例の見直しについて
　(3)　誰もが分かりやすい条例策定を

第1章　はじめに

1　「まちづくり」とは何か、「市民参画」、「協働」がなぜ必要なのか
(1)　まちづくりとは　まちづくり条例とは
　　一般的に、「まちづくり」と言いますと、道路・建物といったハード整備や、市政運営そのものを言いますが、私達は、「市民と市が対等な立場で協働することを基本とし、明るく活力に満ちた住み良い新発田を共に創り上げる（共創する）ために行うことの全て」と考えます。
　　そうした考えのもと、愛せるまち誇れるまちふるさと新発田の創造に向け共創によるまちづくりが適切に行われるための仕組みづくりとして、その基本となる「新発田市まちづくり基本条例」の制定を要望します。

(2)　市民参画、協働がなぜ必要なのか
　　すでに、新発田市ではまちづくりに関する様々な分野で、多様な市民による活動が展開されていますが、そうした市民も、あるいはこれからまちづくりに参画しようとする市民も、これまでの行政主導の20世紀型まちづくりから「共創」を基本とする21世紀型まちづくりへと移行することが求められています。また、そうした移行が出来なければ来るべき「人口減少・超高齢化社会」や「地方分権社会」という時代の流れの中では、これまでどおりのまちづくりは続けていくことが出来ないでしょう。
　　そこで、新しいまちづくりを行うために「協働」と「参画」を基本とし、市民と市が対等の立場で、意見を交わし合いながら市政運営に市民の意向を的確に反映できる仕組みをより一層充実させていくことが必要となります。またそうすることでふるさとに"愛"と"誇り"が持てるのだと思います。

2　提言書作成に至るまでの経緯及び提言書に込める思い
　　「"愛せるまち・誇れるまち・ふるさと新発田"を皆さんの手で」という市の呼び掛けに対し、市民提案会ではこれまでの各種審議会等とは異なり、市民および市職員の自発的な参加・協力のもと、昨年11月26日から延べ20回、期間にして約11ヶ月間にわたり広く市民に開かれた会として今後のまちづくりの在り方についてそれぞれが対等の立場で議論を重ねてきま

した。
　今思えば市民と市が一体となって取り組んでいるこの活動そのものこそ、「共創」の一つの形であるのかも知れません。
　私達は、そうした経験を通じ、まちづくりに向けた思いを一つにすることがいかに難しいものかを実感するとともに、今後のまちづくりにおける市および市民の役割の明確化、協働による交流の場の創出などが重要であるということを強く感じました。私達はそうした課題をできるだけ明らかにし克服することでまちづくりの芽を大きく育て、きれいな花を咲かせることが出来たらと願っています。
　また、そのためにも、私達だけでなく、この提言書を目にした皆さんにも、その内容を理解し、同世代、次世代にも伝えていってもらいたいと願っています。
　この提言書は、そんな市民の思いから作られています。

3　この提言書の構成

基本構成を以下のとおりとしました。
・「新発田市のまちづくりにおける現状と課題」
・「まちづくりの基本理念」
・「市民等の役割と責任」
・「市の役割と責任」
・「議会の役割と責任」
・「情報の共有」
・「具体的な参画と協働の仕組み」
・「『新発田市まちづくり基本条例』の制定にあたり」

第2章　新発田市のまちづくりにおける現状と課題

　まちづくりに関わるあらゆる主体の役割と責任や市民参画を保障する具体的な仕組みなどを提言していくには「現状と課題」をしっかりと見据えておく必要があると思います。ここでは市民提案会参加者が感じたものを簡単に記します。

1 市民の現状と課題
(1) まちづくりの主体は自分達であるという意識はあっただろうか
　市民の中には、地域のまちづくりの課題について行政に言えば何とかしてくれるだろうと依存する考えがあります。行政主導のまちづくりを進めてきた現状では、市民がまちづくりを自分達の問題として捉える意識が充分育っていなかったのではないでしょうか。また、積極的に活動しているボランティア、NPO団体と無関心な市民の間にまちづくりに対する関心や温度差があることも否めません。
　今後は市民自らが自分で出来ることは何かを考え行動し、市民間の相互理解、連携を取りながら市民主体のまちづくりを進めることが重要であると考えます。

参加者の主な意見（「第8回市民勉強会"発表内容まとめ"」他）
・行政が何とかしてくれるという意識の改革が必要。 ・市民の自主的なまちづくりへの参画が必要。 ・ボランティア、NPO団体、自治会等に頼りすぎず、住民の意思により行動することが大切である。

2 市の現状と課題
(1) 多様な市民が参画する仕組みづくりは充分だっただろうか
　協働によるまちづくりを進めていくためには、多様な市民が市政に参画できる仕組みが必要ですが、現状では充分とは言えない状況です。市がまちづくりに係る政策の立案段階から、広く市民の声を聞く機会や仕組みづくりは充分であったと言えるでしょうか。今後は行政主導の20世紀型まちづくりから市民意見を尊重し反映できる21世紀型まちづくりへの移行が必要であり、共に創る"ふるさと新発田"の実現のためにも誰もが等しくまちづくりに参画できる権利の保障や、学び（知り）、考え、行動するための学習の機会の提供や交流の場の創設を希望します。

参加者の主な意見（「第8回市民勉強会"発表内容まとめ"」他）
・市民が意見、企画、立案する場の提供が不足している。 ・勉強会開催、学習の機会の提供が不足している。

> ・市民の声を聞く努力や仕組みは十分だろうか。

(2) 市民の声を聞く努力は充分だっただろうか
　市民の間では、自分たちの声が行政の政策や施策に反映していると満足している人はあまり多くはないようです。その原因として自分たちの声を伝える方法が分からない場合や、一方、行政の側もそのような声に積極的に耳を傾ける努力が充分ではなかったように思います。現在、審議会等に市民が参画していますが、もっと広く市民の声を聞くための工夫が必要だと思います。

参加者の主な意見（「第8回市民提案会"発表内容まとめ"」他）

> ・市民一人一人の声が反映された行政にすべき。
> ・審議会登用等への工夫が必要。

(3) 市の組織・仕組みは市民にとって分かりやすいものだろうか
　市民が市に対して、様々な改善などを要望したり相談をすることがありますが、度々迷うことがあります。職員の配置についても専門性の確保という観点から適材適所の人材活用を必要に感じます。市民にとって分かりやすく利用しやすい仕組みにして欲しいと思います。

参加者の主な意見（「第9回市民提案会"報告資料"」他）

> ・職員の資質向上が必要ではないか。
> ・行政組織に関して、市民が利用しやすい仕組みとなっていただろうか。

3　情報の共有に関する現状と課題

(1) 市民に対する市の情報提供は適切であっただろうか
　　あるいは市民は自分達のこととして受け止めていただろうか
　現在、市民と市の間で様々な情報提供の方法を通じて情報がやり取りされていますが、市が提供する情報が複雑すぎて市民にとっては理解しにくかったり、あるいは市からの情報を他人事のように受け止めている市民の態度など反省すべき点が市民、市双方にあるように思います。また、市民同士、行政内部においても同様の反省点があるのではないでしょうか。

今後は市民と市の認識のギャップを解消するためにも、政策立案段階での積極的な情報公開や、市民にとって分かりやすい情報提供となるような工夫や、市の持つ様々なまちづくりに関する情報を可能な限りの媒体を使ってタイムリーに発信し提供できる仕組みづくりが必要と考えます。

参加者の主な意見（「第8回市民勉強会"発表内容まとめ"」他）
・政策の立案、実施、評価における情報の共有を図るべき。 ・情報公開、分かりやすい広報に向けた工夫をするべき。 ・市から市民へ、市民から市への情報提供の重要性。

(2) 市民の交流の場、自由な意見交換の場はあっただろうか
　　　現在、様々な市民が各々の立場で新発田市の発展のために活動しており、その内容は多岐に渡ります。しかしながら、行政主導によるまちづくりが進められてきた状況では、それぞれが横のつながりをもって活動しているとはいえず、また市民の側も市民間でのネットワークの構築を積極的に行う姿勢が欠けていたと思います。あるいは様々なグループが同じ課題で活動していても、市民同士が積極的に交流を行う場も充分ではなかったために、広がりが持てない状況であったように思います。
　　　もしも、市民の誰もが気軽に話せる交流の場、自由に意見交換できる場があり、市民も活発に取り組んだならば、それぞれの交流が生まれ今までの活動に更なる広がりを持つことになるでしょう。
　　　また、多様な市民が意見を交換することにより、市民同士も行政も地域の公共的課題や情報、目標を共有することができ、お互いに連携しながらまちづくりを進めていくことができるようになるでしょう。

参加者の主な意見（「第3回市民提案会"グループ報告"まとめ」他）
・行政にも、市民の側にも横のネットワークと情報の窓口の構築が求められる。 ・市民間の意識のズレを解消するために意見交換の場の確保を行うべき。

4　議会の現状と課題
(1) 市民にとって開かれた議会となっていただろうか

これまでも議会はその活動内容をFMラジオ放送や議会だよりなどで情報提供しておりますが、市民にとっては理解しにくかったり、あるいは他人事のように受け止めている市民がいたりして、結果的に"開かれた議会"になっていないように思います。
　従来の議会は市民の意見を聞き、ニーズを捉える努力は十分だったでしょうか。市同様、情報提供は適切であったと言えるでしょうか。また、議員自らが住民参画を促しているでしょうか。
　今後は今まで以上にまちづくりの主体となって積極的に関わっていってもらいたいと思います。

参加者の主な意見（「第3回市民提案会"発表内容まとめ"」他）
・上手く市民の大多数の意見を聞くシステムが必要である。
・議会情報の積極的な公開、議会の開催日程の工夫等はされているか。
・議会からあらゆる主体に向けた情報発信の手段を使うようにして欲しい。

◎これらの課題解決のためにはどうしたら良いのでしょうか

　市民、行政、議会および情報に関する現状と課題を挙げましたが、まちづくりを進めていく上で、これらの現状を受け止め、向かうべき「共創」によるまちづくりの実現に向けて、課題を解決していくためにはどのような取り組みが必要なのでしょうか。
　それらの具体的な取り組みについて議論・検討した内容を各章にまとめました。

第3章　まちづくりの基本理念

1　市民が主役、あらゆる主体が担い手となるまちづくりが基本です
　(1)　まちは市民のためにある
　　　もちろん、まちは市民のためだけのものではありません。そこで働く人、在学する人など、そこに関わる人のものでもあります。しかし、やは

り基本はそこに住む市民のためのものであり、相互の信頼関係に基づく支え合いによって、まちは自らの手でつくるという住民自治の精神を市民も市も再認識し、大切にしていくことが重要です。

(2) あらゆる主体のまちづくりに関わる権利を尊重すべきである

　まちづくりは、組織、性別、年齢、社会的地位、心身の状況、思想・信条、国籍等の違いに関わらずすべての人(主体)に開かれるべきものです。また、多様な立場、価値観、温度差の違いをお互いに認め合いながら、すべての人々がまちづくりについて平等に関わる権利を保障すべきです。

2　役割を自覚、分担して、対等な立場での協働体制を確立する

(1) 誰もが主体的、積極的にまちづくりに関わり、役割と責任を意識することが大切です

　自助・互助・公助からなる三助（個人ができることは個人で行い、個人が出来ない場合は地域社会で行い、地域社会で出来ない場合は公が担うこと）の考えに基づいて、市民、行政、その他のあらゆる主体がお互いにその役割と責任があることを自覚する必要があります。また、対等な立場で役割分担を意識しながら、意見を交わし合い、それぞれがまちづくりに主体的、積極的に関わっていくことが大切です。

(2) あらゆる主体は対等なパートナーです

　「行政と市民」、「市民同士」などのあらゆる主体の相互関係は、組織、性別、年齢、社会的地位、心身の状況、思想・信条、国籍等の違いにかかわらず、すべてが対等なパートナーであるという認識が必要です。そうした認識のもとで、共に助け合いながらまちづくりを進めていくことが重要です。

(3) お互いを尊重しながら協働の仕組みをつくっていく

　対等なパートナーとして認識するだけでなく、お互いにできることを提供し合い、支え合い、連携する協働の仕組み（姿勢）が必要です。そのために、お互いの役割と責任を見つめ直し、お互いの違いを認め、尊重しながら相互の信頼関係を築いていくべきでしょう。

3 情報共有は協働の大前提です

市民と行政が、対等なパートナーとして認識のギャップを解消するため、ひいては協働によるまちづくりを行うためには、情報の共有が大前提になります。

いいかえれば、市民と行政、行政内部あるいは市民同士は、まちづくりのあらゆる段階において、必要な情報を共有することが大切であり、そうすることで共に同じレベルに立ってまちづくりを行うことができます。また、その情報の流れは単一方向から双方向・多方向性となるべきだと考えます。

4 地域の良さを見直し、活用し、伝えていくことが大切です

これまでの全国画一的なまちづくりにより地域の特色が薄れている中で、地域資源の大切さが叫ばれています。地域資源とは歴史的・文化的遺産だけではなく、美しい田園や山岳、そこに生きる生態系などの自然資源、さらにはこの地に暮らした、あるいは暮らしている「ひと」も含むものであると言えるでしょう。

市民も行政もそれ以外の主体も、こうした地域資源を含む地域の良さ・価値を見直し、活用し、後世に伝えていく必要があると思います。また、こうした地域資源は合併した市町村それぞれにおいて存在していることも忘れてはなりません。地域ごとの連携により、地域資源の魅力がさらに高まるようなネットワーク化を、あらゆる主体が考え、つくりあげることが、今、求められています。

第4章 市民等の役割と責任

1 主体的、積極的な姿勢が求められています

(1) 自らできることを考え行動していくことを基本とする

現在、自ら考え、まちづくり活動に関わっている市民もいます。しかし一方では、行政任せにしている市民も多く、まちづくりに対する温度差があるのは否めません。自分たちのまちは、自分たちで考え、自分たちでつくるという認識に立ち、自分にできることは何かを考え、まちづくりに関わっていく姿勢が重要です。

誰もが平等にまちづくりに参画する権利があると同時に、地域社会を構

成する一人として、自らの発言と行動に責任を持たなければなりません。

2　お互いが支え合い、連携し、活動する協働のまちづくりが必要です
　(1)　情報の共有による連携の強化
　　　市民、市、企業等、まちづくりに関わる全ての主体は対等な立場にあることを認識し、お互いを尊重しながら、交流を通じて理解し合うことが必要です。
　　　お互いのことを理解するため、また、連携して活動を展開していくためには、情報の共有が必要不可欠です。そのためには、誰でもが気軽に参加でき、情報交換ができる交流の場が必要であると考えます。また、市民も自らの活動内容を積極的に公開し、多くの市民と情報共有を図ることが必要です。

　(2)　三助(自助・互助・公助)によるまちづくりを実現していく
　　　まちづくりは人と人との交流により実現されるものです。お互いがお互いを支えていく、その輪が広がることによって、支え合いの地域社会が実現されます。
　　　三助(自助・互助・公助)の精神に基づいた協働によるまちづくりの実現に向けて、より一層お互いの交流や対話を可能にする新しい仕組みづくりを行うことが重要だと考えます。

3　次世代に伝えていくことが大切です
　多くの主体と情報共有を図り、上記(1)、(2)で述べたことの大切さを同世代に伝えていくことが求められていますが、それと同様のことを次世代にも伝えていくことが重要です。家庭として、地域として、まちづくり団体として、その他の主体として次世代を担うこどもたちに伝え、まちづくりに関心を持ってもらうこと、地域活動などを通して家庭愛や地域愛を育むことが大切なのだと思います。こうした取組みが次世代のリーダーを育成することになるのだと思います。

第5章　市の役割と責任

1　これまでのまちづくりを見直し、
　　新しいまちづくりに向け役割分担を明確にするべきです
　(1)　これまでのまちづくりを見直し、その役割を見直し明確化する
　　　これまでのまちづくりは、主に行政が主導し、一方的に進める傾向が見受けられました。市民等が行政任せであった側面もありますが、行政も市民の参画を積極的に進める姿勢が充分ではなかったと思います。
　　　今後はこの提言書の基本理念に基づき、市は市民の声を積極的に取り入れ反映した行政運営を行うとともに、市民を支えるため、自ら行う活動と、市民の主体的な活動を見直し、その役割を明らかにしていくことが必要です。

2　あらゆる主体のまちづくりに関わる権利を具体的に保障すべきです
　(1)　市民の誰もがまちづくりに関わる権利を保障する
　　　市民がまちづくりに関わるためには、市が多様な市民のまちづくりへの参画を保障することが重要です。現在、政策や施策の決定に関して審議会等が多く設置されていますが、現状では各種団体から選出されることがほとんどで、一般市民からの公募はほとんど行われていない状況です。同じ人が複数の審議会等で委員になっている場合も多いように見受けられます。
　　　市民がまちづくりの主体であることを改めて認識し、自治会などの主体的な活動への積極的な支援等を行うとともに、市民の意見表明の機会や参画を保障するなどの役割と責任があると考えます。

3　協働を促すような支援、公正・公平な支援が必要です
　(1)　市民主体によるまちづくりへの支援
　　　すでに多様な市民が主体的にまちづくりに関する活動を行なっていますが、活動のさらなる発展のために行政の支援も必要です。支援とは必ずしも金銭的なものに留まらず、従来からの支援に加えて、交流の場の創出や市民がまちづくりに参画する権利の保障などの具体的な仕組みづくりを行うことも重要です。

(2) 学習機会の提供や情報提供など市民のまちづくりに対する**機運を高める**

　市民がまちづくりに参画するためには、まちづくりに関する知識や行政の仕組みに対する理解が必要です。市はそのために、市民に学習機会を与えたり、情報提供を行うなど市民が主体的な活動を行いやすくするための環境をつくる必要があると考えます。

(3) 相互理解を深めるために積極的に情報の共有化を図る

　市民と行政が連携してまちづくりを進めるために、お互いの理解を深めることが重要ですが、そのためには市民と行政が情報を共有することが必要です。すべての市民が理解できるよう情報をわかりやすく伝える工夫や、事業などが決定する前にできるだけ早く情報を伝えることが、今後より一層必要になってくると思います。更に言えば情報を共有するためには学習の機会、交流の場が必要であり、それは課題や目的を共有する上で重要なものとなるでしょう。

　また、現在、市から提供される情報について、その多くは専門用語などが書かれており市民にとって理解しにくい場合が多々あります。そこで、市は、説明責任を果たす意味で、市民に分かりやすい内容と伝達方法を常に心がけるべきです。

　更に、情報の提供の在り方も、従来の市からのみの「一方通行」ではなく、市民からの情報も積極的に取り入れる双方向性を重視した提供、共有といった姿を理想とします。

4　職員の資質向上と行政組織のあり方の見直しが必要です
(1) 職員の資質向上と自らが積極的にまちづくりに関わる姿勢が求められます

　参加者の今までの経験によれば、窓口で必要なサービスを簡単に得られなかったということがあります。その主な原因には市職員の「まちづくりを担うメンバーであることへの自覚」の欠如と「まちづくりに対するプロ意識」が十分でないことが考えられます。これからの地方分権社会に的確に対応するためにも職員一人一人も、また市という組織もともに、その資質向上に努め、全体としてのレベルアップを図ってもらいたいと思います。また、「市民はまちづくりのパートナーであること」との認識に立ち、市民活動を積極的に支援、連携していくことが重要だと思います。

(2) 行政内部での連携を図る
　行政の対応について、いわゆる「縦割り」への批判の声があります。行政の体制を「縦割り」から「横断的」な連携に変えることができれば、市民の市に対するイメージも変わり、市民と行政の連携をより円滑に図ることができると考えます。新発田市においても縦・横・斜めなどあらゆる連携を一層心がけ市民目線に立った行政サービスの提供や対応をしてもらいたいと思います。

第6章　議会の役割と責任

1　住民参加型の議会をめざしてほしい
　現在、議会の情報発信の手段として、FMラジオ放送や「議会だより」ならびに「傍聴制度」がありますが、現状を見る限り、十分とは言えません。「市の役割と責任」で求めたように、議会ももっと多くの情報発信の仕組みを工夫してもらいたいと思います。今後はこれまで以上に、議会で決定された事項について説明責任を果たすとともに、より市民が身近に感じることのできる議会となるよう、もっと開かれた議会としてください。

2　議員自ら、住民参画を促してもらいたい
　市民によって選ばれるという性質上、議員が持っている求心力は大きいものだと思います。ですから、議員こそが住民参画を実現させる能力と役割と責務を持っていることを認識し、行動してもらいたいと願っています。そして、この提言を理解し、あらゆる主体に伝えていってもらいたいと思います。

※議論の経緯
　私達は「議会の役割と責任」について市民提言書で言及するか否か幾度となく議論を重ねてきました。そうした議論の中で、議会は地方自治法により議決権を持つ組織として行政とは明確に異なる位置づけや役割分担が規定されていることから、まちづくり条例の中で議会について規定することは馴染まないとの結論に至りました。ただし、このことは、議会が率先して議会に関する条例を制定することを妨げるものではありません。
　その一方で、今回のまちづくり条例制定の主旨は「市民と市のルールづく

り」であることから、議会に対する市民の思いとして市民提言書には上記のとおり記載することとしました。

第7章　情報の共有

1　市民の知る権利を保障すべきです

　協働によるまちづくりの実現には、情報を共有することが不可欠です。そのためには、市民に知る権利が保障されるべきであり、議会や市は政策過程のあらゆる段階において出来る限り積極的な情報の提供と公開に努めるなど、透明性の確保や説明責任の履行が求められています。

　現在、新発田市でも情報公開制度に基づく取り組みが行われていますが、市民の意見としてはその手続きも難しく感じ、身近に感じることができていないのが実態です。今後はより身近で迅速に必要な情報が得られるよう配慮し今まで以上に知る権利を保障していく必要があります。

2　個人情報などの保護

　まちづくりに関わるすべての主体間で情報を共有することはお互いの信頼関係を築く上で必要であり、知る権利を保障しつつも、あらゆる主体が、個人情報保護法令を遵守しなければならないことを認識し、情報を取り扱う際は常に注意を払う必要があります。

3　情報を適切に収集・整理・提供するための環境整備

　市民がまちづくりに関心を持ち、参画したい、あるいは何かをやってみたいと思った時は、まず最初に何をするでしょうか。きっと市民は必要な情報を求めることになるでしょうが、それは必要な時、簡単に入手できること希望するでしょう。もしも、その時に可能な限りの媒体を通じてタイムリーに情報が提供できなければ、それだけでまちづくりに寄せた関心は小さくなってしまうのではないでしょうか。誰でも気軽に利用でき、そこへ行けば情報が得られるような環境や多様な意見交換を行える「場」や「仕組み」をつくることによって、まちづくりの気運を向上させることができるのではないでしょうか。

　このように、市民の多様なニーズに対応した市の情報提供の環境を整備し、簡単にわかりやすい情報を入手できるようにする工夫が必要だと思います。

4 情報を積極的に収集し、活用すべきです

　市から市民への情報提供の環境が整備され充実しても、市民やその情報を必要とする主体が自ら進んでそれらの制度を積極的に活用しなければ効果は生まれてきません。一人でも多くの市民が市の情報に関心を持ち、まちづくりに参画する姿勢が大切です。

第8章　具体的な参画と協働の仕組み

　これまでの提言内容を基にして、より具体的な参画と協働の仕組みについて提言したいと思います。

1 「交流の場」を核とした新しいまちづくりの展開
(1) 交流の場、対話の場の創出

　　多様な市民が自主的にまちづくりに参画することを促すためには、誰もが気軽で自由に情報交換や意見交換ができる「交流の場・対話の場」の創出が必要だと思います。なお、ここでいう「交流の場・対話の場」とは、例えば、説明会やワークショップといった「交流する・対話する"機会"」であり、人が集まることの出来る「"場"」という意味で捉えています。そうした場を核としてお互いの抱える問題を話したり、意見交換をすることで課題や情報が共有できたり、お互いの立場を理解することができたり、独りよがりになることを防止することができると私達は考えています。

　　本来は人が集い、意見を交わし、課題を共有し、心を熱くしていくという交流の中で自然発生的にそうした場が生まれてくるのが理想ですが、まずはそうした場を設けて、それを引率力として利用していくのも有効と考えます。対話によって思いが共有できれば、まちづくり活動や市民ネットワークが確立されやすくなります。市にとっても、その場に参加することは市民の考えるまちづくりの課題や情報を把握することができるのです。

　　行政には、今まで以上に対話する「機会」を設けてもらいたいと思いますが、一方では、こうした「機会」をつくることは行政だけが行うものではないことをわたしたち市民は知る必要があると思います。むしろ、市民や地域が自主的、自発的に「機会」をつくることが、実際の活動を生み、課題解決を図るための原動力となるのではないでしょうか

(2) さまざまな交流の場

　交流するための「場」については、すでにそれを目的とした施設（公民館など）も存在していますが、市民の「まちづくり活動の拠点」としての機能を持った施設はないと思います。都市部と農村部の交流を目的とした「地域交流センター」がありますが、情報を共有し、活動を支援するような機能は備わっていないと思われます。中心市街地の空き店舗などを活用し、市民のまちづくり活動を総合的に支援する機能を持った「拠点としての場所」づくりをしてほしいと思います。

　ただし、前述のとおり、現在も、交流を目的とした施設がたくさんあるはずですし、わたしたち市民は、まずはじめに、そういった施設を積極的に活用すべきだと思います。「組織ありき」の話と同様に、物理的な場所をつくってほしいという「場所ありき」の考え方だけではいけないのだと思います。すでにある施設を活用して何をするかが一番、大事ですし、そこで生まれる活動の高まりがあるからこそ、それらをつなぎ合わせる役割として、「拠点」施設の意義が増してくるのだと思います。

(3) 交流の場における人材育成

　上記の「交流の場・対話の場」において、活動を持続させるためには、自ら努力するだけにとどまらず、次世代の担い手を育まなければなりません。そうした人材育成は、特に地域の交流の場において今後も積極的に取り組んでもらいたいと思います。地域活動を通して「家庭愛・地域愛・郷土愛」を育むことで、"ふるさと新発田"を愛し誇れる人材を育むことがまちづくりにおける重要な視点なのだと思います。私達がこの提言書の作成に向け歩んできたこの流れを絶やすことなく今後も受け継ぎ活かしていきたいと思います。

(4) まちづくり協議会(まちづくり市民会議)の設置

　ここで提案させていただいた内容をすべて条例に盛り込んでいただいたとしても、その条例が機能しなければ単に絵に描いた餅になってしまいます。そこで、この条例が十分に機能しているかどうかをチェックするための機関として、市民から構成される「まちづくり条例市民会議」の設置を条例に盛り込むことを併せて提案します。この会議は、本提案に盛り込まれた内容、例えば具体的にはパブリックコメントの実施内容や市民と行政

とが協働してまちづくりを行う体制が整えられているか等に対して、行政に対して意見を述べることを目的としています。さらに、行政がこの会議に対して現在策定している政策についての意見を聞くこともできるようにしてはどうでしょうか。

　審議会のように専門家からの意見聴取ではなく、市民の生の声が行政に届くという目的から、この会議の構成メンバーは全員市民公募としてみてはどうかと思います。また、議会をはじめとした意思決定機関や審議会等の附属機関の機能と重なることを避けつつ、行政は会議の意見を尊重することとしてはどうでしょうか。

　このような組織とすることによって市民も気軽にこの会議に参加して、市民同士の意見交換ができ、行政に対しても意見を言うことができるのと同時に、行政もこの会議に対して形式張らず意見を聞くことができるのはないでしょうか。そして、このような会議を通じて、この条例の意義を広く市民や行政内部に伝えていくことができると思います。

2　市民が市政に参画するための仕組みづくり
(1)　市民意見公募制度(パブリックコメント制度)の導入
　市民主体のまちづくりとなるように、市は市民の誰もが意見を聞く機会の保障をすべきであると考えます。その具体的な手法の一つとして意欲はあるが参加できない等あらゆる市民の意見を求めるために、市民サービスに直結する重要な案件については、企画立案段階から情報提供を行い、市の政策策定の各段階において必要に応じ「市民意見公募制度（パブリックコメント制度）」の実施することを提案します。この制度は市民による意見表明の機会の保障を補完し、市民の意見を掘り起こすことを目的とするため、市民の誰もが平等に参画できるものでなければなりません。

　また、市民の側も市より意見を求められた場合は、できるだけこれに応じるよう努めるべきであると考えます。

(2)　市民評価の仕組みづくり
　現在、市の事務事業等について、行政内部で評価が実施され、広報しばたやHPで掲載されています。しかし私達には非常に分かりづらく市民目線に立った評価であったのかは疑問です。アンケート等により市民の意見を積極的に集めるなど、市民目線の評価が反映される仕組みの導入を求めます。

(3) 審議会等における市民公募枠等の設定

　現在でも幾つかの審議会等において市民公募枠が設定されていますが、委員の固定化や一人で何種類の委員も兼ねるといった現状を改善する工夫の必要を感じます。より多くの市民が政策や施策の策定などへ参画できるように、今後も公募枠の継続とより一層の拡大を求めます。

※**住民投票について**

　これについても「議会の役割と責任」と同様、まちづくり条例に盛り込むかどうか幾度となく議論を重ねてきました。

　その過程で、「将来起こりうる重大な課題について市民と市がまちづくりについて対話の場を通じて意見交換を充分に行っても、市民との間で意見が合わない場合があるかも知れません。そうした場合に備え最終的な手段として住民投票・市民投票制度が必要である。」という意見が出される一方で、「課題が複雑化・多様化している現代にあって、二者択一的、または選択的な課題解決方法は危険性が高いのではないか。」、「住民参画の保障の一環として必要だが、十分な意見交換の場が確保できていれば必要ないのではないか。しかも場合によっては、行政と市民の間、市民と市民の間にしこりを生じさせることになる。つまり、住民投票は「劇薬」にもなりうるものであって、高い費用をかけて、このようなリスクを背負うことには疑問が生じる。」という意見も出されました。

　そうした議論を経て私達は「市民提案会のメンバーという少人数の中でも意見に隔たりのある住民投票の導入を提案するのは現段階では時期尚早であり、今後において市民のまちづくりに対する意識が高まったときに再度、考えるべきである。」との結論に至りました。したがって、この提言書では、住民投票についての議論があったことを記載するに留め、本文には掲載しないこととしました。

3　協働の仕組みづくり

(1) まちづくり活動への支援

　市民が主体的にまちづくりを進めていくために、公共性の高い市民活動に対し、行政の支援が必要な場合があると思います。情報の提供、場所の提供、人的、財政的支援、まちづくり活動を支援する拠点づくり、市民と市が対等の立場で対話することのできる場の設置など、多様で具体的な支

援を実現し市民の自治意識の向上に向け、仕組みづくりをしてほしいと思います。
　また、まちづくりを促進するためには、それを促すための講座がもっとあってもいいと思います。景観づくり、コミュニティ再生、地域づくりなどの分野で、事例を学びながら市民ができることの方策を学ぶ講座や説明会の開催などがあれば、市民主体のまちづくりを推進することができるのではないでしょうか。
　例えば、まちづくりに必要な知識を学習する機会という意味では、当然、図書館の役割も大きいものがありますが、市民のまちづくりを支援、促進するための書籍コーナーを設置することもひとつの方策だと思います。
　今後のまちづくりにおいて、多様で具体的な支援を求めます。

第9章 「新発田市まちづくり基本条例」の制定にあたり

(1) この条例の位置づけについて
　条例を策定する際は、この提言を最大限に尊重していただきたいと思います。
　これにより制定された条例は、真の住民自治を実現するための基本理念や市民と市の役割を定め互いに協力してまちづくりを進めていくための条例ですから、市民・市はこの条例を最大限に尊重し参画と協働によるまちづくりの仕組みを定める手続き条例として位置づけ、共創によるまちづくりを実現して欲しいと思います。

(2) 条例の見直しについて
　条例の制定後はその内容に照らし合わせ、新たな参画・協働の仕組みをつくり、これの条例に関連する条例や制度の制定・改正をして頂きたいと思います。
　また、この条例自体の見直しも社会情勢や市の動向に気を付けながら、この条例自体を4年ごと、あるいは適宜見直す必要があります。その際は改正時の改正内容及びその検討には市民の意向を把握してもらいたい。

(3) 誰もが分かりやすい条例策定を
　この条例は「１条例の位置づけについて」にも記述したとおり、今後の協働によるまちづくりの基本となる条例です。協働によるまちづくりに関わるあらゆる主体がこの条例を正しく運用し理念を達成するため、分かりやすい言葉で可能な限り用語を定義づけていただきたいと思います。言葉の持つ意味と力、そして親近感を大切にし、誰もが理解しやすい条例制定を期待します。

　　　　　　　———「新発田市まちづくり基本条例－市民提言書－」

市民参画と協働による
新発田市まちづくり基本条例
― 逐条解説版 ―

● 市民参画と協働による新発田市まちづくり基本条例 ●
― 逐条解説版 ―

平成19年4月1日　条例 第1号

【目　次】
前　文
第１章 総則（第1条―第6条）
第２章 参画と協働の仕組み（第7条―第15条）
第３章 雑則（第16条）
附　則

《前　文》

　21世紀に入り、自治体がその本来の機能を発揮し得る地方分権の時代を迎え、これまで以上に、市民と市が相互の信頼関係を醸成し、それぞれの果たすべき役割と責任を自覚し、相互に補完し、協力し合いながらまちづくりを進めていくことが重要となってきています。
　今後も更なる情報の共有化を図るとともに、相互の補完、協力関係を進展させることによって協働の精神を培い、個性豊かで明るく活力に満ちた地域社会を形成し、互いに喜びを分かち合えるような「愛せるまち・誇れるまち・ふるさと新発田の創造」を基本とした共創によるまちづくりの実現を目指し、発展していかなければなりません。
　私たちは、自ら主体的に発言し、提案し、行動することが、まちづくりを推進するに当たっての強力な原動力になるものと自覚します。
　そこで、新しいまちづくりを行うために「参画」と「協働」を基本とし、市民と市が対等の立場で意見を交わし合いながら、市政運営に市民の意向を的確に反映できる仕組みをより一層充実させていくため、この条例を制定します。

【趣　旨】
　地方分権の時代を迎え、これまで以上に市民と市が各々の役割と責任を自覚し、協力し合いながらまちづくりを進めていくことが重要になってきていま

す。そうした背景や本条例制定に当たっての基本的な考え方を述べるとともに、市民と市が参画と協働を基本とした共創によるまちづくりを目指していく決意を表明するために前文を設けました。

【解　説】

本条例は市民と市の役割と責任やまちづくりにおける手続き(市民参画と協働の対象とすべきもの、市民参画の方法、情報の共有の在り方など)を明確にする条例であり、そのことによって「共創によるまちづくり」の実現に寄与できるものと考えています。

【趣旨】にもあるとおり、市民の皆様の議論を参考に、本条例制定に当たっての基本的な考え方や、市民と市が「参画」と「協働」を基本とした共創によるまちづくりを目指していく決意を表明するために"一見して内容や目的を知ることのできる前文"を心掛け作成しました。

第1章　総　則

（目　的）
第1条　この条例は、市民参画と協働によるまちづくりに関する基本的な事項を定め、市民主体のまちづくりをより一層推進するとともに、市民と市が協働し、地域社会の発展を図ることを目的とする。

【趣　旨】

「前文」で述べた基本的な考え方に基づき、ここでは本条例の必要性とその目的を規定しました。

【解　説】

「まちづくりに関する基本的な事項を定め」とは、本条例によって"まちづくりが適切に行われるための仕組みづくりを行う"ということを意味しています。そのことは「前文」でも触れた「市民参画」、「協働」及び「情報の共有」などといった仕組みづくりであり、本条例の目的はその"仕組みづくりを行うことで市民主体のまちづくりをより一層推進する"とともに"仕組みに基づき市民と市が協働し、地域社会の発展を図ることができるようにすること"であ

ると解すことができます。市民も市も本条例の施行後はこの目的に反することなく、趣旨に沿って取り組まなければなりません。

（用語の定義）
第2条　この条例において次の各号に掲げる用語の定義は、それぞれ当該各号に定めるところによる。
(1)　まちづくり　　市民と市が対等な立場で協働することを基本とし、明るく活力に満ちた住み良い新発田を共に創り上げることをいう。
(2)　市　　民　　市内に在住、在勤又は在学する個人及び市内に事務所又は事業所を有する法人その他の団体をいう。
(3)　市民参画　　行政活動の企画・立案、実施及び評価の各段階において、市民が主体的に意見を述べ、行動し、又は協力することをいう。
(4)　協　　働　　市民と市がそれぞれの果たすべき役割及び責任を自覚し、相互に補完し、協力し合うことをいう。
(5)　市　　　　　本市の執行機関(市長、教育委員会、選挙管理委員会、監査委員、公平委員会及び農業委員会)及び水道事業管理者をいう。
(6)　意見公募手続　市が、施策の趣旨、目的、内容その他必要な事項を広く公表した上で、これらに対する市民からの意見の提出を受け、どのように検討し、どのように反映させたかなど、当該意見及びこれに対する市の検討結果を公表することをいう。
(7)　ワークショップ　特定のテーマに関する案を作成するために、参画する市民が自ら主体性を持ち、対等な立場で研究し、議論することをいう。

【趣　旨】
　今後、本条例に基づき、適切に市民参画や協働が推進され、共創によるまちづくりを実現するためには、本条例を目にした誰もが正しく趣旨を理解できるようにする必要があります。つまり本条例に用いる用語は誰にとっても分かりやすいものでなくてはなりません。

従って、本条例において重要な意味を持つ用語、分かりにくい用語は出来るだけ定義することとしました。

【解　説】
　市民や市がまちづくりを行っていく上で本条例を最大限尊重すべきであるとの考えから、誰もが本条例を正しく理解し、運用できるようにするため、可能な限り分かりやすい言葉で以下の用語を定義することとしました。

◇「まちづくり」の定義について
　　一般的に「まちづくり」とは"道路・建物といったハード整備や、市政運営そのもの"を言いますが、この条例では、「市民と市が対等な立場で協働することを基本とし、明るく活力に満ちた住み良い新発田を共に創り上げる（共創する）」ために行うことと定義しました。

◇「市民」の定義について
　　現在、住んでいる場所が市外であっても、仕事や学校などのために市内に通っている人や、市内を拠点として、まちづくり活動などに取り組んでいる人がいます。
　　通常、「市民」というと市内に住所を有する個人をいいますが、本条例においては、市に関わりのある方、事業所、団体等もまちづくりを進めていくためには欠かせない存在であるという考えから、その対象を広げ定義しました。

◇「市民参画」の定義について
　　一言で市民参画と言っても、様々な形が考えられますが、本条例においては行政活動に関して市民が主体的に意見を述べ、行動し、協力することを指しています。
　　一般的には「参加」を用いますが、当市においては「参加」に比べ、より一層主体性を持って取り組む「参画」となることを願い、本条例においては「市民参画」を用いることとしています。

◇「協働」の定義について
　　まちづくりの基本的考え方として必要不可欠な協働の理念を定義しました。具体的には市民と市が課題を共有することから始まり、同じ目標に向

かってそれぞれが担うべき役割と責任を自覚し、助け合い、協力することを言います。

◇「市」の定義について
　「市」に含まれる組織をより明確にするため、具体的に定義しました。

◇「意見公募手続」の定義について
　意見公募手続（呼称ではパブリックコメント）は近年導入されつつある市民参画の手法の一つであるため、馴染みが少なく理解しづらいものと考え、ここであらためて定義しました。

◇「ワークショップ」の定義について
　上記「意見公募手続」同様、近年用いられる主な市民参画手法の一つであるため、定義しました。
　なお、「ワークショップ」を日本語にした場合は「研究集会」、「創作集会」、「参加型講習会」などの言葉がありますが、日本語にすることでかえって汎用性を欠き、理解を難しくすると判断し、近年呼称として定着しつつある「ワークショップ」と表記し、その内容を定義することとしました。

（基本理念）
第3条　まちづくりは、市民参画並びに市民と市の相互の信頼関係に基づく協働を基本として、推進されなければならない。
　2　市民と市は、対等な立場で役割分担を意識しながら、意見を交わし合い、それぞれがまちづくりに主体的かつ積極的に関わっていくものとする。
　3　市民参画は、市民の多様な価値観に基づく提案又は意見（以下「提案等」という。）に公正かつ的確に対応することを基本として、推進されなければならない。
　4　市民参画の機会は、平等に保障されなければならない。
　5　市民と市は、市民主体のまちづくりを推進するために情報の共有を図らなければならない。

【趣　旨】
「前文」や「目的」にのっとり、市民と市が本条例を運用していくにあたり、共有しなければならない基本的な理念を規定しました。

今後、まちづくりに取り組む場合は、市民も市もこの基本理念に基づかなければなりません。

【解　説】
概ね、「前文」、「目的」、「基本理念」を通じて本条例の趣旨が理解されうるものになるよう規定しました。

◇「第1項」について

まちづくりは市民参画と協働を基本として推進されなければならないことを謳っています。

◇「第2項」について

ここでいう"役割分担"とは、後記第4条「市民の役割と責任」及び第5条「市の役割と責任」に規定するものであり、各々がそれらの役割を認識しながら、共に意見を交わし合い、まちづくりに主体的、積極的に関わっていくべきであるという理念を掲げています。

◇「第3項」について

全ての人が自分のまちを愛し、誇れるようになるためには、市は、市民が持つ多様な価値観による提案等に公平かつ的確に対応することが基本であることを規定しました。

◇「第4項」について

まちづくりの基本である「市民参画」は、当然のことながら誰もが行うことのできるものでなくてはなりません。そのことを再度、本条例の理念として規定しました。

◇「第5項」について

市民と市の間における情報の共有は、共創によるまちづくりの実現には必要不可欠な要素であり、「市民参画」や「協働」の大前提とも言うべきものであります。したがって、本条例の基本理念の一つとして、ここで規定しました。

> （市民の役割と責任）
> 第4条　市民は、前条の基本理念にのっとり、自らできることは何かを考え行動するという自らの果たすべき役割と責任を自覚し、市民参画に努めなければならない。
> 2　市民は、前項の規定に掲げる市民参画を行おうとする場合には、新発田市全体の利益を考慮することを基本として、お互いに情報を交換し、支え合い、連携するよう努めなければならない。
> 3　市民は、前2項の規定を遵守するとともに、その精神を次世代に引き継いでいくよう努めなければならない。

【趣　旨】

共創によるまちづくりは、市民や市が単独で実現することはできません。本条例で規定するところの"役割分担"にもつながりますが、市民と市が各々の役割と責任を果たすことができなければ、共創によるまちづくりを行うことができないという考えから、ここでは市民の役割と責任を規定しました。

具体的に「～する」という規定ではなく、精神論的な表現となっていますが、何よりも「自らできることは何かを考え行動する」と条例に明記することで、本条例を目にした市民の気持ちに変化が促されることを期待します。

【解　説】

「基本理念」に基づき、協働を基本としたまちづくりを推進するため、市民が果たすべき役割と責任を規定しました。

◇「第1項」について

「基本理念」に基づき、市民が自分たちのまちについて、自分たちで考え、自分たちでつくるという認識に立ち、自分にできることは何かを考えるとともに、地域社会を構成する一人として自らの発言と行動に責任を持ちまちづくりに取り組まなければならないことを規定しました。

◇「第2項」について

市民は、まちづくりに参画する際には、市全体の利益を考慮することを基本とし、お互いに協力することを規定しました。

このことは本条例を運用する上で、市民参画の目的が市全体の利益に資するものでなくてはならないことを明らかにしています。同時に、このことは後記第12条「市民の自発的な提案等の取扱い」に規定する市民からの提案等についても、単なる個人の要望だけではなく、本条例の趣旨に合致したものであり、かつ市全体の利益に資する提案等でなくてはならないことを意味しています。

◇「第3項」について
　さらに、市民の役割として上記前2項の規定を守るとともに、今後の新発田市を担う人材を育んでいこうという意味も込め、次世代に引き継いでいく役割があることを規定しました。このことは地域をはじめ、あらゆる場面で自分たちのまちを愛し誇れるような人材、今後のまちづくりを担う人材の育成に努めることも意味しています。

（市の役割と責任）
第5条　市は、第3条の基本理念にのっとり、市民の市政への参画の機会を保障し、推進するために必要な措置を講じなければならない。
　2　市は、市民が市民参画の意義について理解を深め、さらに、市民主体のまちづくりができるよう努めなければならない。
　3　市は、市民がまちづくりに関する情報を交換し、又はまちづくりの課題について学習を行う場合において、市民からの申出があるときは、必要な支援を行うよう努めなければならない。
　4　市は、職員の資質向上に努めるとともに、職員は、市民とともにまちづくりを担うことを自覚し、業務を遂行しなければならない。

【趣　旨】
　第4条「市民の役割と責任」と関連して、ここでは「市の役割と責任」を規定しました。
　市では既に市民参画に関する各種制度等（「市長への手紙」、「まちづくり出前講座」、「市政懇談会」、「各種審議会への市民公募」他）に取り組んでおりますが、今後はより一層の努力をしなければならないことを謳っています。

【解　説】
　「基本理念」に基づき、協働を基本としたまちづくりを推進するため、市が果たすべき役割と責任を規定しました。

◇「第1項」について
　市が基本理念にのっとり、市民参画を推進するため、現在も取り組んでいる各種制度（「市長への手紙」、「まちづくり出前講座」、「市政懇談会」、「各種審議会への市民公募」他）の周知に努めるとともに、今後も「市民参画」と「協働」の推進に関する検討を重ね、必要に応じて多様で具体的な支援を行わなければならないことを規定しています。

◇「第2項」について
　市民が市政に参画するためには、市民参画の意義を正しく理解しておかなければなりません。したがって、市は「市民参画」と「協働」を基本としたまちづくりの手続きを定めた本条例の趣旨を今後も周知していかなければならず、また、前項の規定とあいまって「市民参画」や「協働」を推進するための各種制度の活用に努めなければならないことを規定しました。

◇「第3項」について
　市民主体のまちづくりには市民自身が市政について学ぶ必要があります。市から情報の提供を行うとともに市民が更に学び、考えるためにも市は市民の求めに応じて「まちづくり出前講座」や専門職員の派遣等、必要な支援を行うことを規定しました。

◇「第4項」について
　当然ながら、市は、職員の資質向上に努めるとともに、職員個人もまちづくりを行うメンバーの一人であることを再度自覚し、職務に遂行しなければならないことを規定しました。

（情報の共有）
第6条　市は、市民の知る権利を保障しなければならない。
　　2　市は、個人の権利及び利益が侵害されることのないように、個人情報の保護について必要な措置を講じなければならない。

> 3 市は、その保有する情報を市民と共有するため、市民に分かりやすい情報提供を積極的に行うとともに、市民が迅速かつ容易に情報を得られるよう多様な媒体の活用など情報を適切に収集、整理及び提供するための環境整備に努めなければならない。

【趣　旨】

「基本理念」に基づき、協働を基本としたまちづくりを推進するため、「情報の共有」に関して市が担うべき役割と果たすべき責任を規定しました。この規定により、市は、より一層市政運営の透明性の確保に努めていくことになります。

【解　説】

「市民参画」と「協働」を基本とした共創によるまちづくりの実現に向けて、「情報の共有」は必要不可欠な要素であり、重要なものであると考えています。

◇「第1項」について

　当然のことながら、まちづくりの主体である市民が市政について知る権利を有するということを明記しました。同時に、そのことは市の情報提供の必要性を謳っています。

◇「第2項」について

　前項に加え、「情報の共有」は協働によるまちづくりの推進の大前提となる要素であり、極めて重要であるものの、その情報の取扱いについては適切な情報共有の在り方（個人情報保護の観点等）も必要であることを規定しました。

◇「第3項」について

　前条「市の役割と責任」で入れるべき規定ではありますが、重複を避けるため、本条「情報の共有」に関する市の役割として、ここで規定することとしました。

　「市民が迅速かつ容易に情報を得られるよう多様な媒体の活用」とは、近年著しい発展、普及を続けるインターネットの活用や、既存媒体の更なる活用を考えています。

なお、「情報の共有」に関する「市民の役割と責任」は第4条第2項に規定されています。

第2章　参画と協働の仕組み

（市民参画と協働の対象）
第7条　市は、次の各号に掲げる施策を実施しようとする場合は、市民参画を求めなければならない。
　(1)　市の基本構想、基本計画その他施策の基本的な事項を定める計画等の策定又は変更
　(2)　市政に関する基本方針を定め、又は市民に義務を課し、若しくは市民の権利を制限することを内容とする条例の制定又は改廃
　(3)　広く市民に適用され、市民生活に重大な影響を及ぼす制度の導入又は改廃
　(4)　市民の公共の用に供される大規模な施設等の設置に係る事業計画等の策定又は変更
2　市は、前項の規定にかかわらず、次の各号のいずれかに該当するものは、市民参画を求めないことができる。
　(1)　軽易なもの
　(2)　緊急に行わなければならないもの
　(3)　市の内部の事務処理に関するもの
　(4)　前各号に掲げるもののほか、これらに準ずるもの
3　市は、第1項の規定にかかわらず、市税の賦課徴収及び分担金、負担金、使用料、手数料等の徴収に関するものは、市民参画を求めないことができる。
4　市は、第1項及び第2項の規定にかかわらず、他の法令等の規定により市民参画の実施の基準が定められているものは、当該基準に基づき行うものとする。
5　市は、第1項の規定にかかわらず、市民参画を求めなかった場合は、その理由を市民に説明しなければならない。

【趣　旨】
　この第7条以降、第2章に関しては共創によるまちづくりの実現に向け、より具体的な内容を規定しました。
　これまでも当市では、多くの分野において「市民参画」と「協働」の手法を用いて各種施策を展開してきましたが、部局間での取扱いの違いやばらつきがあったのは否めません。
　第7条「市民参画と協働の対象」において、今後はこうした反省点を改善し、「市民参画」を求めるべき施策や事業を明らかにするとともに、事務の効率性や費用対効果等の観点から「市民参画」を求めないことができる施策や事業についても明らかにすべく規定を設けました。
　つまり、市民と市、お互いの信頼関係の上に立ち、市民の意向や協力が必要不可欠なものについては「市民参画」や「協働」を求め、それ以外の部分については求めなくても良いという対象をここでは規定しています。

【解　説】
◇「第1項」について
　「市民参画」を求めることを義務付けるべき施策や事業を規定しました。
(1) まちづくり総合計画、基本構想など市の基本的政策を定める計画や構想、都市マスタープラン、中心市街地活性化基本計画などといった各行政分野における基本方針その他基本的な事項を定める計画の策定又は変更に関するものを想定しています。
(2) 市政に関する基本方針を定める条例とは、市の進むべき基本的な考え方や方策を示した条例と考えています。具体的には本条例もその一つであると言えるでしょう。
　　また、「市民に義務を課し、若しくは市民の権利を制限することを内容とする条例」とは市民の権利・義務及び生活やその活動に直接かつ重大な影響を与えるような効力を持ちうる条例(例えば景観条例等)と考えています
(3) 上記2号に関わらず、広く市民に適用され、市民生活に重大な影響を与えうる施策や制度に関するものは市民参画を求めるべきと考えています。前号でいう条例とは異なり、規則、要綱、基準等により定める市民サービスの提供などが想定されます。
(4) 「市民の公共の用に供される大規模な施設等」とは、その利用者たる市民のニーズを的確に把握する必要があることから、その建設や統廃合に係

る基本的計画等の策定または変更に当たり市民参画を求めるべきであると考えています。

◇「第2項」各号について

あらゆる場面で市民参画を求めることは、共創によるまちづくりを進める上で重要なことではありますが、そのために時間をかけすぎて決定が先延ばしになったり、他の行政活動に振り向ける財源や人員が不足したりするというようなことは市全体の利益を損ねることにつながると考えられます。

例えば、極めて「軽易なもの」であって市民参画を求めるまでもないものでも市民参画を求めた場合には、かえってそのためのコストや人員を必要とし、費用対効果の面から施策や事業を進めるに当たって支障をきたすことや、市民参画を無理強いすることで市民の負担が増加する場合も考えられます。

そうした観点から、第1項で市民参画を求めるべきものについて規定するとともに、ここでは市民参画を求めないものについて規定しました。

◇「第3項」について

第1項に該当する施策の例外として、市税の賦課徴収等についてはその根拠となる条例の制定・改廃が必要となり市民参画を求めなければならないと考えられますが、地方自治法第74条においても直接請求権から除外されていることなどから、第1項の規定に関わらず、「市民参画を求めないことができる」こととしました。

従って、第2項の「市民参画を求めないことができる」各号とは別に項を設けています。

◇「第4項」について

第1項および第2項に該当する施策の例外として、他の法令等に市民参画の実施の基準が定められているものについては当該実施基準により行うことを規定しました。

◇「第5項」について

ここでは、市は同条第1項に規定しているにもかかわらず、市民参画を求めなかった場合は、例外なくその理由を公表することを規定しました。このことは市政運営の透明性の確保や情報の共有化に寄与するものと考えています。

> （市民参画の時期）
> 第８条　市は、市民参画を求めて施策を実施しようとする場合は、当該施策のできるだけ早い時期から市民参画を求めるよう努めなければならない。

【趣　旨】
「情報の共有」にもつながりますが、市民参画は、施策や事業の変更・修正が可能な時期までに行うことが求められることから、出来るだけ早い時期に求めることを規定しました。

【解　説】
　市の向かうべき方向を決定するなどの重要な案件（第７条第１項各号）に該当する案件については、出来るだけ早い時期から市民参画を求めるべきであるということを明記しました。
　なお、施策や事業の形態あるいは内容の違いから、一律に"どの時点において市民参画を求めるのか"ということを予め個別具体的に規定しておくことは困難なため、「できるだけ早い時期」としながらもその導入については最も効果が期待できる時期に行うこととするという意味を含めた規定となっています。

> （市民参画の方法）
> 第９条　市は、市民参画を求めて施策を実施しようとする場合は、次の各号に掲げる方法のうち施策の内容に応じて必要なものにより市民参画を求めなければならない。
> (1)　意見公募手続
> (2)　意見交換会
> (3)　アンケート
> (4)　ワークショップ
> (5)　附属機関及びこれに類するもの（以下「審議会等」という。）への市民公募
> (6)　前各号に準ずる方法

【趣　旨】
　第7条「市民参画と協働の対象」の規定を受け、それらの案件に対してどのような方法を用いて市民に参画していただくのかについて規定しました。
　新たに導入する市民参画の手法として「意見公募手続(呼称では近年「パブリックコメント」ともいう。)」、「各種審議会等における市民公募枠の新設・拡充」、「ワークショップ」などはその代表です。
　この規定を設けることにより、今後も参画を求めるべき案件に応じ、もっとも適切で有効な方法を用いて市民参画を推進していくことになります。

【解　説】
　市は、出来る限り広く市民の意見を聞くのはもちろんのこと、市民参画を求める施策や事業の形態あるいは内容に応じ最も適切かつ市民が参画しやすい方法を選択するよう努めなければならないことを規定しました。各手法は以下のとおりです。
◇「第1号」について
　　第2条「用語の定義」第6号に規定するとおり。近年では呼称として定着しつつあるパブリックコメントと同義のもの。案を示し、広く市民から意見を求め、その意見を検討し、案にどう反映させたかなど、市の検討結果も公表する手法。

◇「第2号」について
　　案がある程度作成されたのち、その案に対して市民に説明会等を通じて内容を周知するとともに、市民から意見をいただく手法。主に説明会のような形で行う。

◇「第3号」について
　　市民参画を求める案件等について幾つかの設問を設け、市民の感じていること、意向等を調査、分析する手法。対象となる市民は案件により異なる。

◇「第4号」について
　　第1号同様、第2条第7号で規定するとおり。同条第2号に規定する「意見交換会」に比べ、早い段階で用いられ、案の作成に市民も参画することで市民の意向を反映させる手法。

◇「第5号」について
　既に各種審議会等においても市民公募枠を設けている場合もありますが、ここでは更なる市民公募を推進するため、手法の一つに位置づけました。
　なお、この規定については後記第13条において詳細に規定しています。

◇「第6号」について
　全市を対象とせず、案件に関連する地域だけに実施規模を縮小した意見公募手続を行うことなどが想定されます。

（情報の公表）
第10条　市は、市民参画を求めて施策を実施しようとする場合は、当該施策に関する情報を積極的に公表しなければならない。ただし、新発田市情報公開条例（平成14年新発田市条例第34号）第7条各号に掲げる情報（以下「不開示情報」という。）にあっては、これを公表しないことができる。

【趣　旨】
　「情報の共有」と同様に「市民参画」と「協働」の大前提となる情報提供の在り方について規定しています。特に、この第10条では「如何にして市民が関心や意欲を持って参画できるようにするか」に注目し、このような規定にしました。

【解　説】
　協働によるまちづくりの推進には、「情報の共有」が必要不可欠であり、大前提でもあります。したがって、市は、市民参画を求める場合において、当該施策や事業に係る情報を積極的に公表する義務があることを明らかにしました。
　一方で、新発田市情報公開条例により、公表することが個人情報の漏洩や市全体の利益を損ねるなどの恐れのあるものについては公表しないことができることとしました。

> （市民参画の結果の取扱い）
> 第11条　市は、市民参画を求めた場合は、市民からの提案等を検討し、その結果を当該市民に回答しなければならない。ただし、当該市民を特定できない場合、市民参画の方法若しくは性質により回答することが困難であると認められる場合又は次項本文の規定による公表により当該市民への回答に代えることが適当であると認められる場合は、この限りでない。
> 2　市は、前項本文の規定による結果を、必要に応じ、市のホームページ掲載等により公表するよう努めなければならない。ただし不開示情報にあっては、これを公表しないことができる。

【趣　旨】

　市民参画において重要なことは、市が市民の意見や提案を聞いたままにせず、それをどのように検討したのかという結果をお知らせすることと考えています。現に「市役所に言ったのにその後がどうなったのか分からない。」、「返事を待ってもなかなか返ってこない。」などの批判を耳にします。そうした見地に立ち、市民参画の結果の取扱いについては上記のとおり規定することとしました。

　また、回答だけでなくお寄せいただいた提案等を可能な限りにおいて公表することによって、提案する側の市民も責任ある提案を行うという意識改革が期待できるものと考えます。

【解　説】

◇「第1項」について

　意見や提案を寄せた本人には、その意見や提案に対し、どのように検討し、どのような結果になったのかお知らせする義務があることを明らかにしました。

　ただし、検討した結果をお知らせするべき市民の特定が困難な場合や、特定の市民に回答しなくても広く市民にお知らせする方法（ホームページ掲載等）を用いた方が適当であると判断される場合などは必ずしも特定の市民に結果をお知らせする方法を用いなくても良いこととしました。

◇「第2項」について
　ここでは、市は、市民参画を求めた場合は、その結果を当該市民のみならず、必要に応じて広く市民に公表するように努めなければならないことを規定しました。
　結果の公表については次の方法のうちから効果的なものを選択して行います。
　(1)　市の発行する広報紙への掲載
　(2)　市のホームページへの掲載
　(3)　担当部局での配布
　(4)　その他市長が必要と認める方法
　ただし、新発田市情報公開条例に基づき、検討した結果を公表することが意見や提案を提出した個人を特定しうる場合や、市全体の利益を損ねるような場合においては公表しないことができるものと規定しました。

（市民の自発的な提案等の取扱い）
第12条　市民は、自発的な提案等を行おうとする場合は、別に定めるところにより行うものとする。
　2　市は、前項の規定による市民からの自発的な提案等があった場合は、その提案等について検討しなければならない。
　3　前項の規定による検討結果の取扱いについては、前条第1項の規定を準用する。

【趣　旨】
　ここでは、第8条以降の「市民参画を求めた場合」とは別に、「市民から自発的な提案等があった場合」の取り扱いについて規定しました。
　共創によるまちづくりの実現のために、今後は市民も市も各々の役割を果たしながら、まちづくりを行っていく必要があることは「前文」や「基本理念」にあるとおりです。
　したがって、ここでいう提案等とは単なる要望などを指してはいません。今後は対等なパートナーとしてお互いに知恵を出し合い、協力し合っていかなければならないと考えています。

【解　説】
◇「第1項」について
　「市民の自発的な提案等」とは、市民参画を求めて施策を実施しようとする場合以外に、市民自らが自発的な意思に基づき提案等をすることを言います。
　「別に定めるところ」とは、別で定める本条例施行規則あるいは現在の市の取り組んでいる既存制度（「市長への手紙」、「市政懇談会」、「まちづくり出前講座」等の制度)等により定めるところと読み替えるものとします。
　今後はそれら既存制度の更なる活用を期待するとともに、市もより一層市民周知に努めることが必要と考えています。

◇「第2項」について
　市民の自発的な提案等があった時には、市はその提案等が本条例の趣旨に沿うものかどうか判断し、沿うものであると判断した場合においては当該市民に対して「市民参画を求めた場合」に準じて検討しなければならないこととしました。このことは、同時に（第4条「市民の役割と責任」第1項及び第2項で規定する内容とその解釈からも言えることであり、）提案者となる市民もその提案の内容が単なる要望等とは異なり、市全体の利益を考慮した建設的な提案でなければならないことを意味しています。

◇「第3項」について
　第1項の規定を受け検討した結果については第11条第1項の規定に準じて、どのように検討し、どういう結果になったのかお知らせするものとしました。

（審議会等の委員）
第13条　市は、その所管する審議会等の委員の構成の中に、公募により一般の市民を積極的に加えるよう努めなければならない。ただし、法令等の規定により委員の構成が定められている場合、専ら高度な専門性を有する事案を取り扱う審議会等であって公募によることが適さないと認められる場合その他正当な理由がある場合は、この限りでない。

【趣　旨】

　ここでは各種審議会等における市民公募枠の拡充や新設をその趣旨として謳っています。
　ただし、一方では、法令等によるあて職の場合など公募を実施する余地のないものや、専ら高度な専門性を有する場合にあっては、市民を公募しなくても良いということも規定しています。

【解　説】

　第９条第１項第５号の規定でも触れたとおり、「審議会等の委員」の構成メンバーには、学識経験者、専門家以外にも市民を公募し積極的に取り入れていくことが、市民参画の一つの手法であることは言うまでもありません。
　しかしながら、現実には公募枠を設けた審議会等は少なく、今後は多様な意見を反映していくためにも公募市民枠を増やしていこうという意思をこの規定で明らかにしました。
　一方で、公募してもそれに応じる市民が少ない場合もあります。このことは市民が審議会等に参画しようと思っても、参画するための知識や情報が不足していることが原因と考えられます。
　そこで、そうした問題解決のために第５条「市の役割と責任」の規定では、市民が市政について学習するための必要な措置を講ずることとしており、あるいは第６条「情報の共有」の規定においても、分かりやすい情報提供を積極的に行うとともに、市民が迅速かつ容易に情報を得られるようにするための環境整備に努めることが必要であることを明確にしています。
　市の積極的な情報提供等により市民の関心を高めていくとともに、市民も率先して公募に応じていく姿勢を持ってもらいたいと考えています。

（市民参画の評価）
第14条　市は、第３条の基本理念にのっとり、行政運営が適切に行われているかどうか検証するため、年度ごとに市民参画に関する取組を総括し、市民に公表するとともに、その取組について市民から意見を求めるよう努めるものとする。
　２　市は、前項の規定により市民から提出された意見を行政運営に反映させ、一層の市民参画に努めなければならない。

【趣　旨】
　ここでは本条例により市民参画が推進されているかどうかについて、各年度において市民に広く公表しながら、その推進状況に対する意見や評価を求めることを規定しました。

【解　説】
　市は、条例制定後、条例の規定に基づき市民参画が推進されているかどうか検証する必要があると考えています。

◇「第1項」について
　具体的には、年度ごとに"どの施策に対し、どのような手法を用いて市民参画を行ったか"などを総括し、その取組状況を市民に示すとともに、その取組について広く市民から意見をいただく機会を設けることとしました。
　また、その機会も第9条各号に定めるいずれかの方法を用いて行うこととしています。

◇「第2項」について
　第1項の規定に基づき、市民からいただいた意見を基に当該年度の施策の進め方や市民参画の在り方を反省し、次年度以降の行政運営に活かすことで、更なる協働によるまちづくりの推進を継続して行う責任があることを明らかにしました。

第3章　雑　　則

（条例の検討）
第15条　市は、4年を越えない期間ごとに、前条に定める評価により、この条例の規定について検討を加え、その結果に基づいて必要な措置を講ずるものとする。

【趣　旨】
　市では本条例を「進化する条例」として捉えています。4年を越えない期間ごとに、前条に基づき市民とともに見守り、検討し、評価し続けていくこと

で、その時点において足りない部分は、条例内容の見直しや変更を行い、より良いものにしていければと考え、そのことを規定しました。

【解　説】
　市民参画と協働を推進するための手続きは、不変の形というものはなく、その時々の社会情勢や市の動向に応じ臨機応変に変化しうるものと考えます。従って、条例施行後の十分な検証作業を怠ることなく、その評価を裏づけとして4年を越えない範囲で再検討し、必要に応じて条例の見直しや変更を行うこととしました。

　（委　任）
第16条　この条例の施行に関し必要な事項は、市が別に定める。

【趣　旨】
　条例は概ね、その概念やおおまかな内容を謳うものです。具体的な内容を盛り込みすぎるとかえって分かりづらくなるため、この素案で足りない具体的な部分、内容については規則等で別に定めることとしました。

【解　説】
　その他必要な事項については、市が規則等で別に定めることとしました。

　　　　　　　　　　　　　　附　　　則
（施行期日）
1　この条例は、平成19年4月1日から施行する。

（経過措置）
2　この条例の施行の際現に着手され、又は着手のための準備が進められている施策であって、時間的な制約がある場合その他正当な理由により市民参画を求めることが困難であると認められる場合については、第7条から第11条までの規定は、適用しない。

【趣　旨】
　この条例の施行にあたり、施行する時点において進行中である施策、事業については当初予定していたスケジュールが大幅に遅れるなど、かえって障害となる場合が想定されるので、その経過措置として上記のとおり規定しました。ただし、施行後、施策、事業を開始するものについてはこの経過措置は当然適用されず、対象となることは言うまでもありません。

【解　説】
◇「附則１」について
　この条例が効力を有する開始日を規定しています。

◇「附則２」について
　この条例が施行された時点で既に着手されている、あるいは着手するための準備が進められている施策については、第2章で規定する具体的な市民参画の仕組みを用いることで、進行中のスケジュールが大幅に遅れるなど円滑な行政運営に支障が生じることも懸念されます。
　したがって、施行時において進行中の施策・事業に対する経過措置として規定したものです。
　ただし、本規定は経過措置として設けたものであり、あくまで上記の場合について適用されるべきものであるとの解釈から、それ以外の場合については原則として本条例の趣旨にのっとり第2章に定める規定を受け、市民参画の推進に取り組まなければならないと考えています。

　　　　───「市民参画と協働による新発田市まちづくり基本条例－逐条解説版－」

新発田市の見どころ

◆新発田城

　新発田藩主溝口氏の居城として築かれた。現存する表門と旧二の丸隅櫓は、1957年に国の重要文化財に指定されている。平成16年、三階櫓と辰巳櫓が復元竣工した。別名「あやめ城」とも呼ばれ、城下町しばたのシンボルである。

◆清水園

　寛文6(1666)年、新発田藩主の下屋敷として造られた。平屋建て書院造りの「御殿」が建ち、近江八景を模した京風回遊式庭園は幕府の庭方縣宗智の作。国指定名勝。

◆足軽長屋

　清水園と新発田川を挟んで並び、藩の最下級武士の住まいとして天保13年（1842）に建てられた長屋。国の有形重要文化財に指定されている。

◆蕗谷虹児記念館

　新発田市出身の挿絵画家・蕗谷虹児（1898-1979）の作品を展示している。少女雑誌に絵や詩を発表して人気を博し、童謡「花嫁人形」の作詩者としてもよく知られる。

◆月岡温泉

　大正期、石油採掘のために掘られた井戸からわき出した温泉。温泉療養の効果が評判となって発展し、旅館が建ち並ぶ一大温泉地となり、年間約65万人が訪れる。

◆大峰山橡平桜樹林

　市北部の大峰山には樹齢100年以上の桜の大樹が多数あり、奥丁字桜、霞桜、大山桜が5月中旬まで咲き誇る。橡平桜樹林は国指定の天然記念物に指定されている。

◆豊かな大地に広がる田園風景

　広大な新潟平野の北部に当たる新発田市の郊外には田園風景が広がり、東には二王子岳をはじめとする山々が望める。

◆藤塚浜

　市北西部に位置する紫雲寺地区の藤塚浜は、日本海に面して白い砂浜とアカマツ林が広がり、海に沈む雄大な夕日を見ることができる。夏は海水浴客で賑わう。

【著者略歴】

南　眞二　みなみ しんじ　※第3章、おわりに、用語説明、まちづくりの具体例

1971年　神戸大学法学部卒業
1998年　神戸大学大学院法学研究科法政策専攻博士課程後期課程単位取得退学
　　　　（1999年　博士(法学)学位取得）
2005年　新潟大学教授、現在に至る（大学院現代社会文化研究科教授兼法学部
　　　　教授）

主著に

『自然環境保全・創造法制―持続可能な開発のための提案』(北樹出版、2002)

「NPMと新しい管理手法―自然再生推進法を例として」山村恒年編『新公共管理システムと行政法』（信山社出版、2004）

「食品廃棄物の環境負荷低減に関する法制度の検討」占部裕典・北村喜宣・交告尚史編『解釈法学と政策法学』（頸草書房、2005）

「民営化の進展と公共性の確保」泉水文雄・井上典之監修、法政策研究会編『法政策学の試み(第10集)』（信山社出版、2008）

「自治体のコンプライアンス」自治体学会編『年報自治体学(第21号)』（第一法規、2008）

馬場　健　ばば たけし　※はじめに、第1章、第2章、第4章

1967年　長野県生まれ
1997年　成蹊大学大学院法学政治学研究科政治学専攻博士後期課程
　　　　満期退学(1999年　博士(政治学)学位取得)
2004年　新潟大学大学院実務法学研究科助教授、現在に至る（2007年より准教
　　　　授）

主著に

『戦後英国のニュータウン政策』（敬文堂、2003）

『市民のための地方自治入門 改訂版』（編著、実務教育出版、2005）

「第1章　イギリスの行政制度」土岐寛・加藤普章編著『比較行政制度論　第2版』（法律文化社、2006）

「16　住民・自治体間の情報伝達」今村都南雄編著『現代日本の地方自治』（敬文堂、2006）

「公共サービスと行政サービスについての整理」『法政理論』（新潟大学法学会、第39巻第2号、2007）

■協力── 新発田市

まちづくり基本条例を創る
― 新発田市に見る市民と行政の協働に向けた取り組み ―

2008年9月26日　初版第1刷　発行

著　者　南　眞二
　　　　馬場　健
発行者　徳永健一
発　行　㈱新潟日報事業社
　　　　〒951-8131　新潟市中央区白山浦2-645-54
　　　　TEL 025-233-2100　FAX 025-230-1833
印　刷　小野塚印刷株式会社

ⒸShinji Minami,Takeshi Baba 2008. Printed in Japan
ISBN978-4-86132-298-3